KB088565

나의 한국어 바로 쓰기 노트

개정판

나의
한국어
바로
쓰기
노트

남영신

까치

남영신
서울대학교 법과대학 졸업
세종국어문화원장(전)
(사)국어문화운동본부 이사장(현)

저서 및 편저
『시로 국어 공부』(마리북스)
『글쓰기는 주제다』(아카넷)
『4주간의 국어 여행』(성안당)
『국어 한무릎공부』(성안당)
『한국어 용법 핸드북』(모멘토)
『국어 천년의 실패와 성공』(한마당)
『안 써서 사라져가는 아름다운 우리말』(리수)
『문장 비평』(한마당)
『보리 초등 국어 바로 쓰기 사전』(보리)
『보리 국어 바로 쓰기 사전』(보리)
『우리말 분류 대사전』(성안당)
『우리말 용례 사전』(성안당)
『한⁺ 국어 대사전』(성안당)

나의 한국어 바로 쓰기 노트

저자 / 남영신
발행처 / 까치글방
발행인 / 박후영
주소 / 서울시 용산구 서빙고로 67, 파크타워 103동 1003호
전화 / 02 · 735 · 8998, 736 · 7768
팩시밀리 / 02 · 723 · 4591
홈페이지 / www.kachibooks.co.kr
전자우편 / kachibooks@gmail.com
등록번호 / 1−528
등록일 / 1977. 8. 5
초판 1쇄 발행일 / 2002. 4. 5
개정판 1쇄 발행일 / 2023. 10. 9

값 / 뒤표지에 쓰여 있음
ISBN 978−89−7291−805−9 03710

차례

1장 조사   23

개정판 머리말

『나의 한국어 바로 쓰기 노트』가 세상에 나온 것이 2002년 4월 5일이었으니 지금부터 21년 전의 일이다. 21년이라는 긴 세월 동안 이 책을 사랑해 주신 독자 여러분께 깊이 감사드린다. 한편으로는 뿌듯함이 있고, 다른 한편으로는 독자들에게 미안한 마음이 있다. 책의 내용이 충실하지 못한 탓이다. 내가 게으른 탓으로 내용을 보완하지 못하고 있다가 이제야 겨우 개정판을 선보이게 되어서 정말 죄송하다. 그리고 늦은 개정판이나마 마음에 흡족할 만큼 만들지 못해서 여전히 죄송스럽다.

그동안 국어 환경이 많이 변했다. 당시에는 생각지도 못할 만큼 많은 외국인이 한국어를 배우고 있는 것이 가장 큰 변화이고, 국립국어원을 비롯한 여러 기관의 노력으로 한국어가 잘 정비된 점이 또 다른 변화이다. 이제 한국어를 공부하는 데 필요한 교재가 널려 있고, 한국어를 바로 쓰고자 한다면 그 요구를 충족시켜 줄 만한 제도가 국립국어원에 잘 구비되어 있다. 국립국어원이 운영하고 있는 '가나다 전화'와 '온라인 국어상담' 제도를 이용하면 누구나 언제든지 궁금한 사항을 질문하여 질 높은 답변을 받을 수 있게 되어 있다. 어찌 보면 이런 상황에서 『나의 한국어 바로 쓰기 노트』 같은 책의 효용성이 반감된 것은 사실이다. 그러나 이 책이 꼭 필요한 분이 반드시 계실 것으로 믿는다.

개정판에는 초판에 없던 내용을 많이 포함했다. '조사, 어미, 호응'까지는 초판의 내용과 대동소이하다. '일치, 순화, 퇴고'는 초판에 없던 것을 새로 넣은 것이다. 다만 일부 초판의 내용을 취사선택한 것이 포함되어 있다. '순화' 부분이 이 개정판의 가장 새로운 내용이 될 것 같다. 나의 지론인 '쉽고 평범한 글쓰기'를 구현하고자 하는 소망을 담은 부분이다. 마지막에 부록으로 덧붙인 내용은 내 평생의 과업을 독자들과 공유하기 위한 시도이다. 한국어의 수직적 소통 구조를 수평적으로 바꾸는 첫걸음을 떼어 보려는 시도라는 점을 이해하고 읽어 주기 바란다.

어려운 환경 속에서도 개정판을 출판해 주신 까치글방의 박후영 대표님께 각별한 감사의 말씀을 드린다. 과거처럼 팔리지 않을 것을 예상하면서도 과감하게 개정판을 펴내 주셨다. 끝으로 이 책을 이용하실 모든 독자에게 하나님의 은총이 함께하시길 기원한다.

2023년 가을
남영신 씀

『토지』의 작가 박경리 님은 '언어란 강을 건너 피안에 도달할 수 있는 배'라고 갈파한 바 있다. 그는 '피안'을 '진실이 있는 곳'으로 파악하고 비록 그 배가 피안에 들어갈 수는 없지만, 강을 건너 피안에 도달할 수는 있다고 생각했다. 언어 자신은 진리가 될 수 없어도 진리에까지 우리를 실어 나를 수 있는 연장임을 뜻하는 말일 것이다. 이는 불가佛家, 특히 선가禪家에서 말이 끊어진 자리에 진리가 있다고 하는 것과는 배치되지만, 나는 그의 생각이 소설가로서는 조금도 잘못이 없는 매우 당연한 생각이라고 보고 싶다.

만일 언어가 '배'라면, 나는 피안까지 우리를 실어 나를 수 있는 두 종류의 배가 있을 수 있다는 생각을 해 본다. 상당한 비바람 속에서도 인간을 안전하게 빨리 실어 나를 수 있는 배가 있을 수 있고, 대단치 않은 비바람 속에서도 난파의 어려움을 겨우겨우 넘기면서 어렵게 실어 나르는 배가 있을 수 있다는 생각이 그것이다. 통나무배 언어, 돛단배 언어, 증기선 언어, 원자력선 언어 등을 생각할 수 있을 것이다. 그리고 같은 종류의 배라도 잘 사용한 배와 잘못 사용한 배가 있을 것이다.

그렇다면 우리를 싣고 가는 한국어라는 배는 성능이 어느 정도일까? 영국인을 싣고 가는 영어, 일본인을 싣고 가는 일본어, 중국인을 싣고 가는 중국어 등과 한국어는 어느 정도 성능의 차이가 있을까? 혹시 이 언어들에 차이가 있어서 피안에 가는 데에 어떤 언어의 배를 타는 것이 더 유리하거나 불리하게 된다면 우리는 어떻게 해야 할까? 배를 갈아타야 할까, 아니면 한국어라는 배의 성능을 높이는 노력을 해야 할까? 영어라는 배나 일본어라는 배로 갈아탄다면 문제가 해결될까, 아니면 생각지 못한 새로운 문제가 생겨서 갈아타지 않음만 못하게 되는 일이 벌어질까? 한국인이 한국어라는 배를 버리고 영어나 일본어라는 배를 타고 가기에는 위험 부담이 클 것이다. 그 배를 운행하는 기술이 미국인이나 일본인에 비해서 몹시 서투를 것이기 때문이다. 그래서 결국 한국인은 한국어라는 배를 타지 않을 수 없을 것이다.

한국어라는 배를 타고 간다고 해도 모든 한국인이 하나의 배를 타는 것이 아니고 사실은 각자 자기가 만든 한국식 배를 타고 피안을 향해서 항해해야 한다. 영국인은 각자가 만든 영국식 배로 항해하고, 일본인은 각자가 만든 일본식 배를 타고 항해해야 한다. 모든 개인은 자신이 만든 배를 타고 항해하는 것이다. 개인이 할 수 있는 최선의 노력은 자기의 배를 최고 성능을 낼 수 있도록 만드는 것이다. 한국인이 한국식 배 가운데 최고 성능을 가진 배를 만들어 항해한다면, 일본인이 낡은 일본식 배로 항해하는 것보다 훨씬 더 빨리 피안에 도착할 수 있을 것이다. 그러나 많은 한국인이 낡은 한국식 배를 타고 항해한다면 성능이 우수한 일본식 배로 항해하는 일본인을 따라잡을 수 없을 것이다. 그렇다면 지금 우리 한국인은 최고 성능을 낼 수 있는 한국식 배를 타고 항해하고 있을까, 아니면 낡고 삐걱거리는 한국식 배를 타고 항해하고 있을까?

이 책은 한국인이 타고 항해하는 한국어라는 배 ― 이 배는 모두 한국식으로 기본 설계가 되어 있지만 개인의 건조建造 솜씨와 관리 상태에 따라서 그 성능이 천차만별이다 ― 에 어떤 문제가 있는지 점검하여 문제점을 해결함으로써 한국인의 모든 배가 최고의 성능을 갖추도록 안내하기 위하여 지어진 책이다. 만약 그 배가 돛단배라면, 배의 겉을 싸고 있는 삼은 제대로 붙어 있는지, 널과 널 사이로 물이 스며들지 않도록 박(대깔)이 완벽하게 메워져 있는지, 멍에목은 배를 잘 지탱하겠는지, 돛대는 바람에 부러지지 않겠는지, 돛은 쉽게 찢어지지 않겠는지, 개밥통은 돛대를 잘 받칠 만하고 마릇줄은 손쉽게 돛을 올리고 내릴 수 있게 잘 묶여 있는지, 키따리의 한쪽이 쪼개져서 배의 방향을 바꾸는 데에 어려움이 생기지 않겠는지, 노櫓는 놋좆에 알맞게 걸려 있어서 저어 나가기에 어려움이 없는지 등을 점검하는 기회를 제공하는 것이 이 책의 목적이다. 잘 관리된 배를 타고 항해하는 것이 허술하게 관리된 배를 타고 항해하는 것보다 더 효과적일 것이니까 말이다.

　이 책에서 인용한 많은 문장들은 한국어를 좀더 완전하게 구사하기 위해서 우리가 무엇을 어떻게 해야 하는지 배우고 익히는 데에 매우 유용한 것들이다. 이 문장들을 만들어 사용함으로써 나에게 이 책을 쓸 수 있는 기회를 준 많은 분들에게 감사한다. 그리고 원고를 꼼꼼히 교정, 교열해 준 한국 문장사 협회의 조경숙, 구혜영 님에게 감사한다. 이 책은 원래 까치글방의 박종만 사장의 권유로 쓰게 되었다. 부족한 사람에게 많은 의견을 제시하여 좋은 글을 쓸 수 있도록 배려한 박종만 사장께 감사드린다. 그리고 이 모든 분들의 노고가 한국어 발전에 한 밑거름이되기를 충심으로 비손한다.

2002년 3월 1일
국어문화운동본부 사무실에서
남영신 씀

한국어 바르게 쓰기의 중요성

한국어는 한국인의 언어이다. 새삼스럽지만 우리가 이 언어로 할 수 있는 일을 생각해 보면 참 많은 것이 있음을 알 수 있다. 사랑하는 마음을 전하고, 생각을 전하고, 가르치고, 배우는 일 등 수많은 일들이 이 언어를 통해서 이루어진다. 아니, 우리의 모든 삶이 이 언어를 통해서 이루어지고 있다. 언어란 인간을 인간답게 해 주는 가장 본질적인 것이고, 한국어는 바로 우리를 가장 인간답게 길러 주는 어머니의 언어이다. 그 한국어를 우리는 어떤 마음가짐으로 사용하고 있을까? 그 한국어를 우리는 어떤 기준에 맞추어서 사용하고 있을까?

ㅡ사랑하는 것은
사랑을 받느니보다 행복하나니라.
오늘도 나는 너에게 편지를 쓰나니
ㅡ그리운 이여, 그러면 안녕!

설령 이것이 이 세상 마지막 인사가 될지라도

사랑하였으므로

나는 진정 행복하였네라. (유치환, 「행복」에서)

시인 유치환은 평생 연모하던 이영도 시인을 향하여 애절한 사랑을 이렇게 고백했다. 유치환에게 이런 간절한 자기 마음을 표현하도록 한 한국어는 얼마나 아름답고 고마운 언어인가? 독일의 철학자 피히테가 그의 유명한 글 「독일 국민에게 고함Reden an die Deutsche Nation」에서 '언어가 인간에 의해서 만들어지기보다는 인간이 언어에 의해서 만들어진다'라고 갈파한 것처럼, 이 시를 통해서 우리의 정서가 얼마나 아름답고 곱게 순화되었는지 모른다.

내가 원하는 우리 민족의 사업은 결코 세계를 무력으로 정복하거나 경제력으로 지배하려는 것이 아니다. 오직 사랑의 문화, 평화의 문화로 우리 스스로 잘 살고 인류 전체가 의좋게, 즐겁게 살도록 하는 일을 하자는 것이다. 어느 민족도 일찍이 그러한 일을 한 이가 없으니 그것은 공상이라고 하지 말라. 일찍이 아무도 한 자가 없기에 우리가 하자는 것이다. 이 큰일은 하늘이 우리를 위하여 남겨 놓으신 것임을 깨달을 때에, 우리 민족은 비로소 제 길을 찾고 제 일을 알아본 것이다. 나는 우리나라의 청년 남녀가 모두 과거의 조그맣고 좁다란 생각을 버리고, 우리 민족의 큰 사명에 눈을 떠서, 제 마음을 닦고 힘을 기르기로 낙을 삼기를 바란다.(김구, 「나의 소원」에서)

한국어로 이러한 글을 쓰고 읽을 수 있다는 것이 얼마나 소중한 일인가. 김구 선생의 고매한 인격과 그의 사상을 접할 수 있다는 것 자체가 우리의 행복이다. 이런 글을 읽으면서 우리가 한국어의 소중함을 깨닫지 못한다면, 이런 문장을 쓰는 한국인을 더는 만날 수 없게 될지도 모른다.

당신은 지금 어디쯤 가고 있는지요? 혼자서 힘들지는 않은지. 천천히 가다 쉬엄쉬엄 하고 계셔요. 내가 곧 따라갈 준비를 하고 있으니. 큰 개울이 있거나 높은 고갯길이 있으면 그곳에 앉아 쉬고 계셔요. 당신이 떠나고 벌써 세 번째 맞이하는 봄입니다. 내년 봄은 아마도 그곳에서 당신하고 같이 손 잡고 거닐 수 있는 봄이 될 수도 있지 싶습니다.(김창석, 「띄울 수 없는 편지」에서, 『키움 수필집』)

먼저 간 아내를 그리워하며, 아흔이 넘은 남편이 곧 저승에서 만날 것을 기약하는 내용의 편지글이다.

글을 쓰는 사람과 그것을 읽는 사람 사이에 한국어라는 정제된 언어가 있기 때문에 우리는 이처럼 자기의 생각과 감정을 표현하고 또 다른 사람의 생각과 감정을 이해하고 받아들일 수 있다. 한국어는 이 역할을 할 수 있을 정도로 발전했다. 이 얼마나 다행스러운 일인가? 이런 글 속에서 우리는 한국어의 품위를 발견할 수 있을 것이다.

그런데 이렇게 품위 있고 읽기 쉽게 쓰인 문장이 있는가 하면, 이상한 한국어 문장도 숱하게 많다. 맞춤법에 맞지 않는 문장, 어휘를 제대로 이해하지 못하고 쓴 문장, 문맥이 서지 않은 문장, 논리적으로 맞지 않는 문장 등이 여기저기에서 우리 눈을 어지럽힌다. 그런 문장을 보면 우선 그 속에 녹아 있는 고귀하고 아름답고 중요한 의미가 훼손됨을 느끼고, 나아가서 마음이 답답해지거나 짜증이 나게 된다. 우리의 언어생활이 점점 후퇴하고 있는지도 모른다. 어휘를 부적절하게 사용한 문장, 문법에 맞지 않는 문장, 비논리적인 문장의 범람은 한국어의 기능을 떨어뜨려 한국인 사이의 소통 능력 저하를 가져오고, 지식과 정보 교환을 어렵게 하여 결국 한국인의 지적 발전을 가로막는 결과를 초래할 것이다.

아래는 한 공무원이 나에게 보낸 질문서에 적힌 문장이다. 질문자가 누구이고 답변자가 누구인지 그리고 내가 무엇을 해야 하는지 헷갈리게 되어 있다.

사회통합프로그램 이수제의 한국어 과정 기준 마련에 참고하기 위하여 오랫동안 이민자에 대한 한국어 교육을 현장에서 경험해온 선생님께서 아래 사항에 대하여 자문을 구하고자 하오니 고견을 보내주시면 감사하겠습니다.(법무부 공문)

'선생님께서'라면 나를 가리키는 것이 분명한데 내가 '자문을 구하고자 한다고' 하니 이 무슨 말일까? 솔직히 나는 '자문을 구하고자 한' 적이 없을 뿐 아니라 내가 무엇을 한 바 없는데……. 그러니 이 공문을 받은 내가 당황하지 않을 수 없다. 여러분은 가볍게 "조사 '께서'를 쓰지 않고 '께'를 쓰면 될 것"이라고 말할지 모르지만 그렇게 고치더라도 '선생님께 자문을 구하고자 한다'라는 표현에도 문제가 있다. 나에게 자문을 얻겠다고 한다면 내가 그 사람에게 자문을 주어야 하는데 내가 그 사람에게 줄 자문이 없기도 하고 그럴 생각도 없으니 딱하지 않은가? 이 공무원은 '자문을 구하다'와 '자문을 하다'를 같은 말로 인식했기 때문에 글을 읽는 나를 혼란스럽게 만들었다. 이처럼 실용문에서조차 의사소통을 방해할 수준의 글을 쓰고 있는 것은 참 안타까운 일이다. 아래 문장은 더욱 우리를 헷갈리게 한다.

이와 관련, 이 대통령과 자유선진당 이회창 총재뒤 보수연합 공조가 오히려 금이 가고 있다. 이는 심대평 대표의 총리기용설에서 발생한 것으로 왜 선진당의 주인은 이 총재인데 이 대통령은 이 총재한테 심 대표의 총리 기용을 제의하지 않고 직접 심 대표에게 제의해 괘씸죄로 정책공조를 파기로 했다는 것이다.(일간 신문 기사)

이 문장은 한국어를 한글로 적었지만 좀처럼 그 의미를 파악하기가 쉽지 않다. 일부 오타를 포함해서 문법에 어긋나는 치명적인 표현이 있기 때문에 마치 글을 갓 쓰기 시작한 어린아이가 적은 글 같다. 어떻게 이런 글이 실명과 함께 인터넷 뉴스에 오를 수 있을까? 기자의 기사문이 사실 관계를 정확하게 보도하지 못하고 횡설수설을 일삼는다면 한국어는 의사소통을 어렵게 만드는 언어로 전락하게 될 것이다.

나는 이런 현실을 보면서 이것은 단순히 개인에 국한된 문제가 아니라 한국어를 사용하는 우리 모두의 문제이며, 한국인의 언어 능력 내지 지적 능력의 하락을 가져올 수 있는 중대한 문제라고 생각했다. 그래서 모든 지식인들이 이렇게 잘못된 언어생활을 하게 만들 정도로 한국어에 까다롭거나 어려운 부분이 무엇인지 밝혀내어 이를 많은 국민들이 배우고 익히지 않으면 안 된다는 생각을 했다.

말을 글로 적는 일은 어느 언어든 쉽지 않다. 한국어의 맞춤법, 영어의 철자법, 중국어의 간체자簡體字, 일본어의 훈독법訓讀法 따위는 한국인, 영국인, 중국인, 일본인에게 매우 부담스러운 것이 사실이다. 이런 것은 끊임없이 배워서 익히지 않으면 안 된다.

또 어느 언어에나 모국어 화자話者가 익히기 어렵고 까다로운 부분이 있다. 한국인에게는 한국어의 조사와 어미, 높임말과 호칭 및 지칭이 어렵고 까다롭게 느껴질 것이고, 미국인에게는 영어의 시제, 단수, 복수 등과 관련된 일치와 호응이 어렵게 느껴질 것이며, 프랑스인에게는 프랑스어의 성性 구별 문제가 상당히 부담스러울 것이다. 각각의 언어에 있는 이런 어렵고 까다로운 부분은 어느 날 갑자기 익힐 수 있는 것들이 아니다. 언어를 처음 배우는 순간부터 단계적으로 꾸준히 익히고 학습해야 하는 것들이다.

앞에서 예로 든 글에는 어문 규정과 관련된 잘못보다는 어법과 관련된 잘못이 대부분이었다. 어문 규정을 몰라서 틀린 문장은 문학가들의 어문 규정 능력이나 출판사의 교정으로 걸러질 수 있기 때문에 독자의 눈에 거의 띄지 않을 수 있다. 그러나 어법을 모르거나 오해하여 쓰거나 깊은 생각 없이 어휘를 나열하는 데 급급하면 수많은 비문非文이 만들어질 확률이 높다. 따라서 한국어 문장의 발전을 위해서 그리고 이를 기반으로 해서 한국인의 지적 능력이 향상될 수 있도록 하기 위해서, 우리는 지금부터 한국어에 있는 까다롭고 틀리기 쉬운 어법을 찾아 이를 정확히 익히고 사용하는 연습을 시작해야 한다. 자기의 중요한 뜻이 문장 구성의 잘못으로 인해서 오해되거나 평가 절하되지 않도록 어법에 맞게 글을 쓰는 연습을 시작해야 한다. 바르게 쓴 글 속에 아름다움이 깃든다는 것을 되새기면서 말이다.

1장

조사

한국인들은 한국어에서 가장 까다로운 부분이 무엇이냐는 질문을 받으면 대개 높임법을 든다. 상대에 따라서 또는 상황에 따라서 다양하고 세밀하게 써야 하는 높임법은 어학자들도 혀를 내두를 정도로 까다로운 것이 사실이다. 그러나 높임법은 주로 대화에서 나타나므로 문장에서는 그렇게 심각하게 문제가 되지 않는다.

한국어 문장에서는 오히려 조사助詞와 어미語尾를 포함한 기능어 사용법이 더 까다로운 문제이다. 사람들은 조사와 어미를 가볍게 여기기 때문에 이것들을 까다롭게 생각하지 않는 것 같다. 그러나 많은 문장이 조사와 어미를 제대로 쓰지 않아서 문장의 맛이 달라지거나 의미가 오해되는 경우가 있다. 서구의 언어는 어순에 따라서 문법적인 관계가 결정되기 때문에 문법적인 잘못을 저지를 가능성이 상대적으로 적지만, 한국어는 어순에 의하지 않고 어휘에 조사를 붙이거나 어미를 사용하여 문법적인 기능을 하게 하므로 조사나 어미를 잘못 사용하면 엉뚱한 결과를 가져오기 쉽다.

물론 한국어를 모국어로 사용하는 사람이라면 기능이 다른 조사를 붙여 엉뚱한 문장을 만드는 경우는 별로 없다. 즉 '나는 밥을 먹는다'를 '나를 밥이 먹는다'나 '나를 밥에게 먹는다'처럼 쓸 사람은 거의 없다. 극히 제한된 경우에 "아직도 우리나라에는 장편 소설 대계가 없는 나라다"(성기조, 『문단 기행』에서)처럼 엉뚱한 실수를 하기도 하지만, 주어나 목적어, 관형어, 부사어, 서술어를 만드는 조사를 혼동해서 쓰는 일은 흔치 않다. 그러나 기능이 비슷한 조사를 오해하여 엉뚱하게 사용하는 경우는 상당히 많다. 이런 조사들을 검토하면서 한국어의 깊은 바다로 들어가 보기로 하자.

조사란 체언(體言 : 명사나 대명사나 수사)에 붙어서 체언이 문장 안에서 일정한 기능(주어, 목적어, 서술어, 부사어, 관형어 등)을 하게 만드는 요소이다. 조사에는 체언을 주격이 되게 하거나 목적격이 되게 하거나 부사격, 관형격, 서술격이 되게 하는 격조사가 있고, 격조사 기능보다는 화자의 주관적인 생각을 덧붙이는 기능을 하는 보조사가 있으며, 어휘와 어휘를 연결하는 접속 조사가 있다. 이 가운데에서 격조사와 보조사의 기능이 겹치는 경우가 있는데, 이때 많은 사람들이 격조사와 보조사의 차이를 이해하지 못해서 자기 의도와 다른 문장을 쓴다.

보조사는 문장에서는 일정한 격조사처럼 사용되지만 격조사가 가지고 있지 않은 의미를 첨가하는 노릇을 하기 때문에 보조사를 잘못 쓰면 '격에는 맞지만 상황이나 의미적으로는 어울리지 않는' 경우가 생길 수 있다. 보조사 가운데에서 특히 주격 조사와 혼동되어 사용되는 보조사 '은/는'의 사용법이 까다롭다. 이 보조사와 주격 조사 '이/가'가 어떻게 달리 쓰이는지 명확하게 알지 못한다면 '은/는'을 잘못 사용할 가능성이 매우 높아진다.

그리고 같은 부사격 조사이면서도 의미 기능이 다른 '에'와 '에서', '에'와 '로', '에'와 '에게', '에게'와 '에게서' 따위를 구별하는 것도 상당히 까다로운 문제이다. 먼저 보조사 '은/는'과 주격 조사 '이/가'의 사용법을 살펴보고, 부사격 조사를 구별하여 사용하는 문제를 검토하자.

1. '이/가'와 '은/는'

우리는 습관적으로 조사 '이/가'와 '은/는'을 구별하여 쓴다. 왜 그렇게 구별하느냐고 물으면 명확히 대답하지 못하는 사람도 무의식적으로 이 두 조사의 쓰임새가 서로 다름을 안다. 다음의 두 문장을 어떤 경우에 쓰는지 모르는 한국인은 별로 없을 것이다.

❶ 이게 뭐야?
❷ 이건 뭐야?

그러나 어떤 경우에 왜 그렇게 쓰는지 정확하게 설명할 수 있는 사람은 그리 많지 않다. ❶은 주격 조사 '이/가'를 쓴 문장이고('이게'는 '이것이'가 줄어든 말임), ❷는 보조사 '은/는'을 쓴 문장이다('이건'은 '이거는'이 줄어든 말임). 이 두 문장을 보면 조사 '이/가'와 '은/는'을 쓰는 경우가 같지 않음을 알 수 있다. 이 두 문장에 각각 '또'라는 부사를 추가하면 두 조사의 차이가 더 명확해진다.

❸ 이게 또 뭐야?
❹ 이건 또 뭐야?

한국인은 이 두 문장 가운데에서 어떤 문장이 틀린 문장인지 금방 안다. '또'가 들어가는 문장은 ❸이 아니고 ❹여야 함을 다 안다. 도대체 조사 '이/가'와 '은/는' 사이에 어떤 차이가 있기에 이런 판단을 하게 될까? '이것' 외에 다른 것에 대한 판단이 이전에 있었을 때에는 ❹번 문장이 적격인 것이다.

영문법을 하는 사람들은 모든 문장을 주어와 동사라는 기본 요소를 중심으로 분석하기 때문에 한국어의 ❶과 ❷ 사이에 존재하는· 의미의 차이를 쉽게 간과하는 경향이 있다. 영어로는 ❶과 ❷가 모두 'What's this?'로 번역되는, 같은 문장으로 보일 수 있기 때문이다. 그러나 두 문장은 한국어가 영어와 다른 언어이고 한국어를 영어의 시각에서 보면 안 된다는 점을 잘 가르쳐 준다.

한국어를 연구하는 많은 학자들은 한국어의 이런 특성에 깊은 관심을 기울여 한국어에서 조사의 기능을 규명하기 위하여 노력해 왔다. 그래서 어학자들은 대체로 '이/가'를 주어를 만드는 조사라고 보고 '주격 조사'라고 이름을 붙인 반면에, '은/는'은 주제어를 만드는 기능을 하는 조사로 보고 '보조사' 또는 '특수 조사'라고 이름을 붙였다.

'이/가'와 '은/는'의 쓰임새가 이렇게 다르고 또 그 차이점을 아는 것이 중요하다고 하지만 언어생활에 나타난 현상을 보면 뜻밖에도 이 두 조사가 아무렇게나 사용되는 경우가 많다. 일반

• 주제어(主題語)란 학교 문법에서는 사용하지 않는 용어이나, 그 쓰임새가 있어서 이 책에서 제한적으로 사용하려 한다. 영화에 주제 음악이 있는 것처럼 글에도 주제가 되는 생각이 있고, 문장에는 주제가 되는 말이 있다. 보통은 주제어와 주어가 같아서 주제어라는 말을 쓸 필요가 없지만 경우에 따라서는 주제어와 주어가 달라질 때가 있다. '나는 우리나라가 좋다'에서 '나는', '오늘은 날씨가 매우 화창하다'에서 '오늘은', '일은 젊어서 해야 해'에서 '일은', '운동장에는 아직 눈이 쌓여 있다'에서 '운동장에는'이 주제어이다. 주제어는 주어 노릇도 하고, 목적어 노릇도 하며, 부사어 노릇도 한다. '오늘은'은 주어 노릇을, '일은'은 목적어 노릇을, '운동장에는'은 부사어 노릇을 한다.

인에게서는 물론이고 문학가나 학자들의 글에서도 얼마든지 그런 잘못을 발견할 수 있다.

> 포털사이트 운영회사의 통계집계시스템 서버에 허위의 클릭 정보를 전송한 피고인의 행위는❶ 허위의 정보 또는 부정한 명령을 입력한 것에 해당하고, 피고인이 전송한 허위의 클릭 정보가 통계에 반영된 이상 정보처리의 장애가 현실적으로 발생하였고 그로 인하여 피해자들의 검색서비스 제공업무는❷ 방해된 것으로 보아야 한다는 이유로, 피고인에 대한 컴퓨터 등 장애 업무방해의 각 공소사실을 모두 유죄로 인정하였다.(대법원 판례)

위 예문에서 ❶의 '는'은 제대로 쓰였지만 ❷의 '는'은 주격 조사 '가'로 바꾸어야 한다. 이처럼 '이/가'와 '은/는'의 미묘한 차이를 인식하여 글을 쓰는 것이 한국어를 더 정확하게 사용하는 길이다. 그럼 지금부터 이 두 조사의 차이를 자세히 검토해 보자.

말하고 싶은 정보가 주어이면 주격 조사 '이/가', 서술어이면 보조사 '은/는'

다음 두 예문을 읽고 각 문장의 화자가 전하려는 정보가 어디에 있는지 생각해 보자.

❶ 영수가 그렇게 말했어요.

❷ 영희는 그렇게 말하지 않았어요.

❶은 그렇게 말한 사람을 지적하는 문장이다. '영수'라는 사람이 화자가 알리고자 하는 중요한 정보이다. 이에 비해서 ❷는 그렇게 말하지 않은 사람이 누구인지가 중요한 것이 아니라 '영희'는 어땠는지가 중요한 정보이다. 즉, 화자가 말하고자 하는 바는 '영희'의 상황이다. 아래 의문문에 대한 대답을 생각해 보면 이 관계가 더욱 뚜렷이 드러난다.

❸ 이번에 누가 가기로 했니?

― 영수가 가기로 했어요.

❹ 너는 왜 안 갔어?

― 저는 가기 싫어서 안 갔어요.

❸의 문답은 모두 주어에 중요한 정보가 있다. 화자는 '가기로 한 사람'의 이름을 알고 싶어 하고, 또 그 대답을 듣고 싶어 한다. 반면에 ❹의 문답은 모두 서술어에 중요한 정보가 있다. 가지 않은 이유를 알고 싶어서 묻고, 그 이유를 듣고 싶어 하는 것이다. 화자가 알고 싶고, 전하고 싶은 정보가 주어이면 주격 조사 '이/가'를 붙여 주어를 만들고, 전하고 싶은 정보가 서술어에 있으면

보조사 '은/는'을 붙여 주어를 만든다.

❺ 10월 9일이 한글날이야.

❻ 10월 9일은 한글날이야.

❺의 새로운 정보는 '10월 9일'이다. 한글날이 언제인지 모르는 사람에게 그 날짜를 확인해 주는 문장이다. 그래서 주어 '10월 9일'에 주격 조사 '이'를 붙였다. ❻의 새로운 정보는 '한글날'이다. 그러니 10월 9일에 다른 곳에 갈 생각을 하지 말고 한글날 행사에 참가하라고 말하는 것을 상상할 수 있다. 이처럼 서술어에 중요 정보가 있으면 보조사 '은/는'을 써서 주어를 만든다. 아래 시에 쓰인 조사 '은/는'과 '이/가'를 눈여겨보면서 이제까지의 논리가 어떻게 적용되었는지 살펴보자.

청포도

이육사

내 고장 <u>칠월은</u>
청포도가 익어 가는 시절

이 마을 <u>전설이</u> 주저리주저리 열리고,

먼 데 하늘이 꿈꾸며 알알이 들어와 박혀

하늘 밑 푸른 바다가 가슴을 열고
흰 돛단배가 곱게 밀려서 오면

내가 바라는 손님은 고달픈 몸으로
청포를 입고 찾아온다고 했으니

내 그를 맞아 이 포도를 따 먹으면
두 손은 함뿍 적셔도 좋으련

아이야, 우리 식탁엔 은쟁반에
하이얀 모시 수건을 마련해 두렴

'청포도가, 전설이, 하늘이, 바다가, 돛단배가'에는 주격 조사 '이/가'를 썼는데, '칠월은, 손님은, 두 손은'에는 보조사 '은'을 썼다. 시인은 왜 이처럼 굳이 주격 조사와 보조사를 구별하여 썼을까 생각해 보자. '칠월은'에 보조사 '은'을 쓴 것은 뒤에 오는 서술어 '청포도가 익어가는 시절'이 중요한 정보이기 때문이다. 그다음 문장에서는 청포도가 앞에 나왔으니 이제 '주저리주저리'와 '알알이'는 청포도의 속성으로서 새로운 정보가 되지 못한다. 여기서는 주어가 새로운 정보가 된다. 그래서 '전설이', '하늘이'처럼 주격 조사를 썼다. 마찬가지로 '바다가', '돛단배가'가 새로운 정보이므로 주격 조사를 썼다. 이 시의 백미는 바로 다음에 나오는 두 번의 보조사 사용에 있다. '내가 바라는 손님은'과 '두 손은'에 쓰인 보조사 '은'이 시인의 기막힌 조사 감수성을 보여 준다. 여기에 보조사를 쓰지 않고 주격 조사 '이/가'를 써도 문법적으로 문제되지 않는다. 그러나 시인의 진심이랄까, 말하고자 하는 바가 현저히 약해진다. 보조사 '은/는'을 씀으로써 서술어 정보가 중요한 정보임을 넌지시 알려 주는 것이다. 즉, '손님'보다는 '고달픈 몸으로 청포를 입고 찾아온다'라는 정보에 집중해 달라는 의미가 되고, '두 손'보다 '함뿍 적셔도 좋으련만'에 집중해 달라는 의미가 된다. 이 시를 읽는 독자는 마땅히 시인의 이 요청을 인식하면서 이 시를 감상해야 할 것이다.

아래 문장에서 주격 조사 '이'와 보조사 '은'이 쓰인 이유를 설명하세요.

한빛* 등 9개 기업의 12일 코스닥 등록 예비 심사를 통과했다. 함께 심사를 받은 *스토, *스폴, *통신은 보류 판정을 받았다.(일간 신문 기사)

답

첫 문장은 주어가 중요한 문장이다. '예비 심사를 통과한 기업'이 어떤 기업인가, 또는 몇 개의 기업인가가 새로운 정보이다. 따라서 주어에 주격 조사를 붙였다. 둘째 문장은 서술어에 중요한 정보가 담겨 있다. 이 세 기업이 어떤 판정을 받았는지 그 내용이 중요하다. 그리고 그 내용은 '통과'가 아닌 '보류'이다. 이 서술어가 새로운 정보이므로 주어에 보조사 '은'을 붙였다. 만일 통과한 기업, 보류된 기업, 탈락한 기업을 그냥 소개하는 문장이라면 서술어가 중요한 정보가 아니고 주어가 중요한 정보가 되므로 모두 주격 조사를 쓸 것이다.

묘사문에는 주격 조사 '이/가', 설명문에는 보조사 '은/는'

주어와 서술어 관계를 검토해 보면 상당히 재미있는 점을 발견할 수 있다. 어떤 경우는 서술어가 주어의 행동이나 모습을 보여 주지만, 어떤 때는 서술어가 주어의 성질이나 의미를 설명해 준다. 앞의 경우를 우리는 묘사문이라고 하고, 뒤의 것을 설명문이라고 하는데, 묘사문의 주어에는 주격 조사 '이/가'가 붙고, 설명문의 주어에는 보조사 '은/는'이 붙는다.

> ❶ 사람이 누워서 잔다.
> ❷ 사람은 누워서 잔다.

❶은 사람의 현재 행위를 묘사한 문장이다. 누워서 자는 사람을 보면서 그것을 묘사하려면 이렇게 써야 한다. 지금 '누워서 자는' 주체가 '사람'이라는 점을 나타내기 위해서 주격 조사 '이'를 썼다. ❷는 '사람이란 어떻게 자는 동물인가'에 관심을 가진 문장이다. 지금 사람이 누워서 자고 있지는 않지만, 으레 사람이라는 동물은 누워서 잔다고 설명하는 것이다. 사람의 속성을 다른 표현으로 한다면 ❷는 '사람은 생각하는 갈대이다'처럼 쓸 수 있고, '사람은 생각하는 동물이다'라고 쓸 수도 있다. 모두 사람이 어떤 동물인지 설명하는 문장이 된다.

주격 조사 '이/가'가 쓰인 문장은 현재 눈에 보이는 대로 주어의 동작이나 상태를 묘사하는 문장이고, 보조사 '은/는'이 쓰인 문장은 주어의 의미나 성질 또는 상태를 설명하는 문장이다. 그래서 주격 조사 '이/가'를 쓴 문장이 시각적이라면, 보조사 '은/는'을 쓴 문장은 논리적이라고 말할 수 있다.

아래 문장의 보조사 '은/는'을 검토해 보세요.

> 모든 육체는❶ 풀이요, 그 모든 아름다움은❷ 들의 꽃 같으니, 풀은❸ 마르
> 고 꽃은❹ 시듦은❺ 여호와의 기운이 그 위에 붊이라. 이 백성은❻ 실로 풀
> 이로다.(개역개정 성서 「이사야」 40장 6~7절)

보조사 '은'을 주격 조사 자리에 대신 사용한 글입니다. 설명하는 문장이므로 주격 조사 '이'
를 대신하여 보조사 '은'을 쓴 것이 적절해 보입니다. 그러나 두 곳의 '은'은 부자연스럽습니
다. 어느 곳의 '은'을 주격 조사로 바꾸어야 할까요?

답

❸과 ❹의 보조사 '은'을 주격 조사 '이'로 바꾸어야 한다. 풀과 꽃을 설명하는
것이 아니라 실제로 풀이 마르고 꽃이 시드는 상태를 나타내기 때문이다.

아래 글에서 밑줄 친 '은' 가운데 부적절한 것을 지적하고 그 이유를 설명하세요.

주정꾼 욕지거리에 섞여 계집의 앙칼진 목소리가 찢어졌다. 장날 저녁은❶ 정해 놓고 계집의 고함소리로 시작되는 것이다.

"생원, 시침을 떼두 다 아네……충주집 말이야."

계집 목소리로 문득 생각난 듯이 조선달은❷ 비죽이 웃는다.(이효석, 「메밀꽃 필 무렵」에서)

답

❷의 '조선달은'을 '조선달이'로 바꾸는 것이 더 자연스럽다. '조선달'이 지금 하는 행동을 묘사하는 문장으로 보는 것이 자연스럽기 때문이다.

아래 문장에서 밑줄 친 조사의 적절성을 검토해 보세요.

아브라함이 이삭을 낳고, 이삭은 야곱을 낳고, 야곱은 유다와 그의 형제들을 낳고, 유다는 다말에게서 베레스와 세라를 낳고, 베레스는 헤스론을 낳고, 헤스론은 람을 낳고, (중략) 엘리웃은 엘르아살을 낳고, 엘르아살은 맛단을 낳고, 맛단은 야곱을 낳고, 야곱은 마리아의 남편 요셉을 낳았으니 마리아에게서 그리스도라 칭하는 예수가 나시니라.(개역개정 성서 「마태복음」 1장 2-16장)

답

이 문장은 '누가 이삭을 낳았는가?' 그리고 '이삭은 누구를 낳았는가?'에 대응하는 말이어서 이야기의 전개에 일관성이 없다. 낳은 사람과 태어난 사람의 관계를 동일하게 나타내려면 모두 주격 조사 '이/가'를 써야 한다. 보조사 '은/는'을 쓰면 그 사람이 무슨 일을 했는지 설명하는 것이 되는데, 이삭이 야곱만 낳은 것이 아니고, 야곱이 요셉만 낳은 것이 아니기 때문에 적절하지 않다. 다른 사람과 비교하는 의미에서 보조사 '은/는'을 쓰려면 모든 비교 대상에 보조사를 써서 '누구는 누구를 낳고, 누구는 누구를 낳고, 누구는 누구를 낳았다'처럼 쓴다. 이렇게 쓰려면 독자가 누가 이 사람을 낳았는지 궁금해한다는 전제가 필요하다. 그런 궁금증을 풀어 주기 위한 것이 아니라면 '누가 누구를 낳고, 누가 누구를 낳고, 누가 누구를 낳았다'처럼 모두 주격조사를 쓰는 것이 바람직하다.

▌ 비교, 대조의 의미를 나타내려면 보조사 '은/는'

우리는 대체로 어떤 것을 말할 때에 그것과 다른 것을 은근히 비교하는 의미로 말하는 경우가 많다. 직접 비교하는 표현도 사용하지만, 비교하는 표현이 없이도 가벼운 비교나 대조의 의미를 가지도록 표현하는 경우가 있다.

> ❶ 옷이 참 멋지다.
> ❷ 네 옷은 참 멋지구나.
> ❸ 얼굴은 예쁘더라.
> ❹ 한국인은 참 부지런하다.

❶은 '멋진 옷' 외에 다른 의미가 함축되지 않았다. 반면 ❷는 은근히 네 옷과 다른 사람의 옷을 비교하는 의미가 함축되어 있다. 우리 옷보다 네 옷이 두드러지게 멋짐을 의미하는 것이다. 비록 비교하거나 대조하는 표현은 없지만 보조사 '은'이 그런 기능을 한다. ❸은 '얼굴은 예쁘지만 다른 것은 별로'라는 뉘앙스를 함축한다. ❹도 단순히 한국인이 부지런함을 나타내기보다는 다른 나라 사람에 비해서 한국 사람이 부지런함을 암묵적으로 나타낸다. 이처럼 보조사 '은/는'은 다른 것과 암묵적으로 또는 은근히 비교하게 만드는 역할을 한다. 즉, 여러 대상 가운데에서 어떤 대상(여기서는 '네 옷', '얼굴', '한국인')이 선택되었음을 나타내는

동시에 다른 대상(예를 들면 '우리 옷', 마음씨', 인도인' 등)은 그렇지 않을 것임을 암시하는 기능을 가진다고 말할 수 있다. 우리가 생각할 수 있는 여러 대상을 어학자들은 자매항姉妹項이라고 한다. 그리고 자매항이 함축하고 있는 정보를 함의舍意, implication라고 한다.

❺ 인생은 짧고, 예술은 길다.
❻ 말은 그럴 듯한데, 행동은 딴판이야.
❼ 언니는 공부하고, 나는 엄마와 장보러 갔다.

❺는 '인생'과 '예술', ❻은 '말'과 '행동', ❼은 '언니'와 '나'를 직접 비교했다. 이처럼 자매항을 직접 비교하여 서술하고자 할 때에 보조사 '은/는'을 쓴다.

아래는 김억의 시 「사공의 아내」 전문입니다. 괄호 속에 들어갈 맞는 조사
를 고르세요.

모래밭 스며드는 하얀 이 물은
넓은 바다 동해를 모두 휘돈 물.

저편(이/은) 원산 항구 이편(이/은) 장전長箭
고기잡이 가장님 들고나는 길

모래밭 사록사록 스며드는 물
몇 번이나 내 손을 씻고 스친고.

몇 번이나 이 물에 어리었을까?
들고나며 우리 님 검은 그 얼굴.

답

은, 은
이편과 저편 두 자매항을 대비하는 표현이므로 둘 다 보조사 '은'을 쓰는 것
이 자연스럽다.

아래 문장의 자매항이 가지는 함의를 설명해 보세요.

❶ <u>나는</u> 출석하지 않겠다.
❷ <u>힘은</u> 장사구나.

답

❶ 다른 사람은 몰라도 최소한 나만은 출석하지 않겠다.
❷ 다른 능력은 어떨지 몰라도 적어도 힘만은 세다.

▎주제어를 만들려면 보조사 '은/는'

주제어는 문장에서 주된 화제가 되는 낱말이다. 문장은 주제어 위주로 구성되기 때문에 주제어는 항상 문장의 맨 앞에 나온다. 어떤 말을 주제어로 삼으려 할 때 그 말에 보조사 '은/는'을 붙여 문장의 맨 앞에 놓으면 그 말에 독자의 관심이 집중된다.

❶ 나는 너를 믿는다.

❷ 성공은 우리를 기다리지 않는다.

❶, ❷는 단순한 평서법 문장이지만, 상황에 따라서는 생각보다 강한 주장을 나타낸다. 주어에 보조사 '은/는'을 쓰면 주어 '나는', '성공은'이 단순한 주어가 아니라 화자의 의사를 강하게 표현하는 수단이 된다. 이럴 때 이 두 주어를 주제어라고 한다. 주제어를 사용하면 청자는 보통 그 주제어에 집중하게 된다.

❸ 빵은 먹지 않겠다.

❹ 지금은 대답하지 않겠다.

❸, ❹에서 '빵은'과 '지금은'은 각각 목적어와 부사어인데, 이것들을 주제어로 만듦으로써 이 말을 강조하는 효과를 얻었다. 특히 이 경우, '빵' 외의 것을 먹는 것이나, '지금' 외의 시간에 대

답할 것인가에 대해서는 보류하고, 다만 '빵'에 한해서 말한다면 먹지 않겠다는 뜻이고, '지금'에만 국한하여 말한다면 대답하지 않겠다는 뜻이기 때문에 자연히 '빵'와 '지금'이 강조된다.

❺ <u>나는</u> 공부보다 운동이 좋다.
❻ <u>한국은</u> 인터넷이 발달했다.

❺, ❻은 문법적으로 주어와 서술절로 이루어진 문장이다. '운동이 좋다', '인터넷이 발달했다'가 서술절이고, 그중에서 '운동이'와 '인터넷이'가 서술절의 주어이다. 물론 문장의 주어는 '나는'과 '한국은'이다. 이런 문장은 주어를 주제어로 강조하는 문장으로서, '나'의 취향이나 '한국'의 특징을 강하게 표현한다. 이처럼 서술절을 서술어로 가진 문장은 주어에 반드시 보조사 '은/는'을 써서 주제어로 삼는다.

❼ 이 환자에게 <u>과일은</u> 주어도 괜찮다.
❽ <u>사람은</u> 사회적 동물이다.

❼은 이 사람에게 다른 것을 주어도 괜찮은지 판단을 하지 않았지만 '과일을 주는 것'은 괜찮다는 의미이다. '과일'만 콕 집어 말한 것이다. ❽도 주제어 '사람은'을 콕 집어서 설명한 문장이다.

연습문제 ⑦

아래 문장의 밑줄 친 부분을 주제어로 바꾸어 보세요.

❶ 아이들이 <u>공</u>을 차고 있다.
❷ 한국이 <u>정보통신망 확충</u>에 가장 적극적으로 나섰다.
❸ <u>우리</u>가 이 일에 나서야 한다.

답

목적어나 부사어 또는 주어는 격조사 대신에 보조사 '은/는'을 붙여서 주제어로 만들 수 있다. 각 문장을 주제어로 바꾼 문장은 아래와 같다.

❶ <u>공은</u> 아이들이 차고 있다.
❷ <u>정보통신망 확충에는</u> 한국이 가장 적극적으로 나섰다.
❸ <u>우리는</u> 이 일에 나서야 한다.

▌한국어의 카리스마 '은/는'

주제어에서 이미 그 특징이 드러난 것처럼, 보조사 '은/는'은 문장을 장악하는 강력한 카리스마를 내뿜는 조사이다. 이 조사를 붙인 주제어는 사람들로 하여금 무슨 정보가 제공될지 몹시 궁금하게 만드는 힘을 발휘한다. '은/는'에서 우리가 그런 카리스마를 느끼는 이유는 그것이 다른 어떤 조사보다도 해당 체언(주제어)만을 콕 찍어서 말하기 때문이다. 그 뒤에 오는 서술어는 무엇이든지 주제어에 맞게 해석된다.

❶ <u>나는</u> 감기에 걸렸어.

❷ <u>나는</u> 감기야.

❶의 주어 '나는'은 보통의 주어 구실을 한다. 따라서 그 뒤에는 당연히 주어와 논리적으로 연결될 수 있는 서술어가 온다. 그런데 ❷의 주어 '나는'은 서술어와 논리적으로 연결될 수 없다. '나'와 병 이름인 '감기'가 직접 주어와 서술어 자격으로 연결될 수 없기 때문이다. 그러나 우리는 이런 말을 곧잘 한다. 이 문장이 나타내는 뜻은 '내가 걸린 병은 감기이다' 또는 '나는 감기에 걸렸어'와 같다. 어찌 보면 문장을 매우 간결하게 축소한 표현이다. 이 문장의 조사 '는'이 카리스마를 가지고 주제어 '나는'을 만들고 있다.

❸ 나는 짜장면을 주문하겠어.

❹ 나는 짬뽕이다.

❹의 '나는'도 주제어로서 강력한 카리스마를 가진다. 그래서 논리적으로는 '짬뽕이다'와 연결되지 않지만, 이를 '짬뽕을 주문하겠어'의 뜻으로 이해하도록 유도하여 의미를 전달한다.

❺ 영희는 별로다.

❻ 영희는 아니야.

❺는 부사에 서술격 조사를 붙여 서술어를 만든 문장으로, 비문법적인 표현이다. 그러나 이 표현이 입말에서는 아무렇지 않게 통용된다. 보통 '별로'는 뒤에 부정적인 의미를 가진 서술어와 호응한다. '영희는 별로 예쁘지 않아'처럼 형용사를 부정하는 서술어를 이끈다. 그런데 뒤에 오는 부정적인 표현을 모조리 생략하고 곧바로 서술격 조사를 붙여 '별로다'라고 하여, 상황에 따라서 다양하게 쓰일 여지를 만들었다. '별로' 뒤에 '예쁘지 않다', '능력이 없어', '잘하는 게 없구나' 등 다양한 표현을 붙일 수 있는 열린 표현이 된 것이다. ❻은 보어가 필요한 서술어에 보어를 쓰지 않아 불완전 문장이 되었다. 이 문장은 주로 '알맞은 사람이 아니야' 또는 '이 일에 안 맞아' 같은 표현으로 쓰인다.

내가 처음 ❷, ❹, ❺, ❻번 네 문장을 마주했을 때에는 비문으로 분류하여 바로 쓰기의 전형적인 예로 설명하고자 했다. 그러나 지금은 한국어의 한 특징으로 설명을 하게 되었는데, 그렇게 된 가장 큰 이유는 이런 표현이 매우 광범위하게 사용되고 있음을 알았고, 이런 표현을 가능하게 만드는 요인이 보조사 '은/는'의 특성에 뿌리하고 있다는 사실을 파악했기 때문이다. 아래 예문은 보조사 '은/는'의 이런 활용을 더욱 극대화한 예이다.

❼ 치킨은 살쪄.
❽ 나는 술이 약해요.

❼은 치킨을 먹으면 살이 찐다는 의미이다. 주제어 '치킨'의 함의는 살이 찐다는 것이다. 그러니 치킨을 먹지 말라는 의미가 포함된다. 이처럼 보조사 '은/는'을 사용하여 주제어로 삼게 되면 뒤에 오는 서술어가 어떤 형태이더라도 설명이 가능해진다. 그래서 보조사 '은/는'을 카리스마가 있는 조사라고 말한 것이다. ❽은 나의 상태를 설명한 문장인데 주제어가 가지는 함의로 '술이 약함'을 선택한 것이다. 그런데 '술이 약하다'는 표현도 비문이다. '술에 약하다'라고 하면 문제가 없는데 왜 굳이 '술이 약하다'로 표현할까? 바로 '은/는'으로 주제어가 되면 뒤의 서술어를 이렇게 바꿔도 문제가 되지 않기 때문이다.

열차를 타고 가다 도로 옆에서 아래와 같은 홍보 문구가 적힌 펼침막을 발견했습니다. 이 홍보 문구가 나타내는 의미가 무엇인지 말해 보세요.

> 여보, 쌀은 전라북도래요.

 참고

이와 비슷한 말을 우리는 자주 한다. '야, 인삼이라면 한국이지' 또는 '나주야 배지' 등등. '쌀은 전라북도래요'도 이와 같은 부류의 표현이다. '인삼은 한국이다', '나주는 배다', '쌀은 전라북도다'에서 쓰인 '인삼은', '나주는', '쌀은' 모두 카리스마를 갖춘 주제어이다.

답

쌀은 전라북도에서 난 것이 최고이다.

보조사 '은/는'은 안긴문장이나 종속문의 주어에 사용하지 않는다

안긴문장과 종속문은 각각 안은문장과 주절에 매인다. 안긴문장과 종속문의 주어에는 아주 예외적인 경우 외에는 주격 조사 '이/가'를 쓰고 카리스마가 있는 보조사 '은/는'은 쓰지 않는다.

> ❶ <u>내가 너를 좋아하는</u> 이유는 네가 정직하기 때문이다.
> ❷ <u>비가 오면</u> 바람이 불기 마련이다.

❶, ❷의 '내가', '비가'는 각각 안긴문장과 종속문의 주어이다. 이런 곳에 주격 조사 대신에 보조사 '은/는'을 쓸 수 없다.

> ❸ <u>너는</u> 나를 좋아하는 <u>이유가</u> 뭐야?
> ❹ <u>내가</u> 너를 좋아하는 <u>이유는</u> 이것이다.

❸은 주제어 '너는'과 서술어 '이유가 뭐야'로 구성된 문장이다. 서술어는 주어와 서술어를 갖춘 서술절이다. 이런 문장이 전형적인 주제어 문장이다. ❹는 주제어 없이 일반 문장처럼 주어에 주격 조사를 썼다. 이 문장의 주어는 '이유'이고, '내가 너를 좋아하는'이 관형절로서 주어를 수식한다. 주어 '이유'에 보조사 '는'을 붙여 주어를 특정했다. 보조사 '는' 대신 주격 조사 '가'를 써도 된다.

아래는 민족 시인 심훈의 시 「그날이 오면」의 첫 연입니다. 여기에서는 주격조사 '이/가'와 보조사 '은/는'이 교차해서 주어를 만들고 있습니다. 밑줄 친 조사의 적절성을 말해 보세요.

그날이❶ 오면 그날이 오면은
삼각산 일어나 더덩실 춤이라도 추고
한강물이❷ 뒤집혀 용솟음칠 그날이,
이 목숨이❸ 끊어지기 전에 와주기만 할 양이면,
나는 밤하늘에 날으는 까마귀와 같이
종로의 인경을 머리로 들이받아 올리오리다.
두개골은❹ 깨어져 산산조각이 나도
기뻐서 죽사오매 오히려 무슨 한이 남으오리까

답

언뜻 읽으면 ❹번의 '두개골은'이 부자연스럽게 읽힌다. '두개골이'로 바꾸는 것이 자연스럽다. 이 문장도 안긴문장이기 때문이다. 그런데도 시인이 굳이 보조사 '은'을 쓴 것은 '두개골'을 아주 강하게 강조하려는 의도가 있었기 때문이다. '기뻐서 죽사오매' 앞에 '나는'을 붙여 보면 '두개골은'의 의미를 이해할 수 있을 것이다. 이 시를 읽을 때에는 시인의 이 의도를 이해하는 것이 매우 중요하다.

2. '에'와 '에서'

여러분은 아래의 시를 잘 알 것이다. 우리 민족의 최고 서정 시인이라고 할 만한 김소월의 「산유화山有花」라는 시이다. 시의 제목이 너무 단순하고 막연하여('산유화'는 '산에 있는 꽃'을 의미한다) 마음에 들지 않는 점이 있지만, 내용이 마음을 편하고 상쾌하게 만드는 마력이 있어서, 나는 젊은 시절에 이 시를 무척 좋아했다.

산유화

김소월

산에는 꽃 피네
꽃이 피네
갈 봄 여름 없이
꽃이 피네

산에
산에
피는 꽃은
저만치 혼자서 피어 있네

산에서 우는 작은 새여
꽃이 좋아

산에서
사노라네

산에는 꽃 지네
꽃이 지네
갈 봄 여름 없이
꽃이 지네

　내가 70대가 된 지금 다시 읽어도 여전히 젊은 날에 느꼈던 신선함이 그대로 마음에 전해 온다. 내가 여기에 갑자기 이 시를 소개하는 것은 시를 쓰면서 '에'와 '에서'를 구별한 김소월의 탁월함을 설명하기 위해서이다.

　이 시에는 산과 꽃과 새가 등장한다. 꽃은 '산에' 피고, 새는 '산에서' 산다고 했다. 꽃은 식물이라 움직임이 없고, 새는 동물이라 움직임이 있다. 따라서 꽃은 언제나 산의 일부를 이루지만, 새는 그렇지 않다. 김소월은 이런 꽃과 새와 산의 관계를 정확하게 인식하고 '에'와 '에서'를 사용했다. 만일 이 시의 첫 연에 있는 '에'를 '에서'로 바꾼다면 어떤 느낌이 날까?

산에서는 꽃 피네
꽃이 피네

갈 봄 여름 없이

꽃이 피네

　　그러면 산과 꽃이 밀착되지 않고 꽃이 '피는 행위'를 산에서 한다는 느낌을 강하게 준다. 다시 말하면 꽃이 산의 일부가 되지 못하고 산에서 분리된다. 이렇게 되면 산의 일부가 되어 소리 없이 피어 있는 꽃의 느낌을 담아낼 수 없다. 이런 느낌은 꽃과 대비되는 새로 인해서 더욱 강화된다. 새는 '산에서' 산다고 했기 때문이다. 꽃은 산의 일부로서 존재하지만, 새는 산의 일부가 아니고 삶의 장소를 선택할 수 있는 주체이다. '에서'라는 조사가 새의 '삶'에 '장소를 선택할 수 있는 적극성'을 부여한다. 이 얼마나 섬세한 조사 선택인가! 그러나 지금의 문인들은 '에서'를 써야 할 곳에 습관적으로 '에'를 쓰는 경우가 많다. '에'와 '에서'의 사용법을 공부해 보자.

'에'와 '에서'에 유의하면서 아래 두 문장의 의미 차이를 설명해 보세요.

❶ 이 집<u>에도</u> 사람이 산다.
❷ 이 집<u>에서도</u> 사람이 산다.

답

❶은 집이 비어 있는지 그렇지 않은지 궁금하지 않게 하고, ❷는 사람이 활동하며 살고 있음을 표현한다. 집의 공간이 사람이 살 수 있을 만큼 넓다는 뜻이 포함되어 있다. 물론 이 집이 협소하여 사람이 살 수 없을 것 같다는 생각을 염두에 두고 하는 말일 수도 있다. ❶의 집은 존재의 장소이고 ❷의 집은 활동의 장소이다.

▎활동하는 장소에는 '에서'를 붙인다

동사는 일정한 행위를 전제로 한 품사이기 때문에 행위가 없는 동사는 없다. 그러나 동사를 자세히 관찰하면, 어떤 동사는 동사이면서 실제로 동작이 이루어지는 일이 없는 경우가 있다. '있다', '계시다', '살다', '머무르다'와 같은 동사가 대표적인 예이다. 이런 동사는 장소와 밀착되어 그 장소에서는 그 행동이 지속되는 것이 상식이다. 이런 동사에는 대체로 조사 '에'가 장소에 붙어서 사용된다.

이에 비하여 비교적 활동이 강한 동사는 '에'와 잘 어울리지 못하고 '에서'와 어울린다. 이들 동사는 비교적 단시간에 그 활동을 마치는 것들이어서 그런 활동이 눈에 쉽게 보인다. '달리다', '놀다', '보다' 따위가 이런 동사들이다. 이처럼 활발한 활동이 눈에 보이는 동사는 그 활동 장소에 '에서'를 붙이는 것을 좋아한다. 그 장소에서 그런 활동이 끝나고 다른 활동이 생기는 것을 염두에 둔 조치일 수 있다. 다시 말하면 장소와 행동이 밀착되지 못한다는 말이다.

따라서 동사가 존재의 의미를 띠는 경우에는 그 장소에 '에'를 붙이고, 활동의 의미를 띠는 경우에는 그 장소에 '에서'를 붙인다. 다음 예문을 보면 우리가 이미 그런 기준에 따라서 '에'와 '에서'를 사용하고 있음을 알 수 있다.

-에-

❶ 돈은 지갑<u>에</u> 있다.

❷ 우리는 스위스<u>에</u> 머물고 있다.

❸ 어머님은 집<u>에</u> 계신다.

-에서-

❹ 아이들이 마루<u>에서</u> 논다.

❺ 선수들은 운동장<u>에서</u> 달린다.

❻ 어젯밤 꿈속<u>에서</u> 엄마를 보았다.

▌ '에서'는 동사를 활성화한다

까치글방의 박종만 사장이 언젠가 나에게 이런 질문을 했다. "서울에 산다가 맞습니까, 서울에서 산다가 맞습니까? 나는 '서울에서'가 옳다고 생각하는데, 아내는 '서울에'가 옳다고 해서 해결이 안 됩니다." 이 질문에 대해서 나는 "서울에서 산다가 맞습니다"라고 대답했을 뿐 그 이유를 말하지 않았는데, 이제 여기에서 공개적으로 대답하게 되었다. '살다'를 정적으로 또는 수동적으로 인식하면 '서울에'를 쓰고, 동적으로 또는 적극적으로 인식하면 '서울에서'를 쓴다. 다음의 대화에서 '살다'의 의미는 '있다/거주하다'의 의미와 같다.

"서울로 유학 간다고? 서울에 누가 사니?"

"예, 형이 서울에 살고 있습니다."

그러나 아래의 대화에서 '살다'는 '생활하다/활동하다'의 의미가 들어 있다.

"형이 언제부터 서울에서 살았니?"

"5년 전부터 서울에서 살았습니다."

"교통난 때문에 서울에서 못 살 터인데. 앞으로 서울에서 살 작정이니?"

"예, 가능하면 서울에서 살고 싶습니다."

'살다'는 '에', '에서' 모두와 친한 동사이다. 구체적인 행동이 없다고 인식하면 사람과 장소가 밀착됨으로써 분리 가능성을 생각하지 않기 때문에 '에'를 쓰고, 활발하게 움직이는 행동이 있다고 인식하면 사람과 장소가 분리되고 사람이 장소를 선택한다는 생각을 하기 때문에 '에서'를 사용한다. 이를 역으로 말한다면 '에서'는 동사를 활성화하고, 주체가 장소를 선택할 능력이 있음을 나타내는 적극적인 표현이라고 할 수 있다.

'살다'와 '에', '에서'의 관계는 우리가 '살다'를 어떻게 여기느냐에 따라 달라진다. '살다'를 태어난 이후 줄곧 살고 있는 상태를 나타내는 관점에서 보면 장소의 교체는 별 의미가 없다. 따라서 '서울에 산다', '미국에 산다'처럼 '에'를 쓰는 것이 자연스럽다. 그러나 '살다'를 그렇게 정적으로나 소극적으로 보지 않고 끊임없이 활동하는 생활로 본다면 '서울에서 산다', '미국에서 산다'처럼 장소를 지정하는 강한 힘을 발휘하는 것이 자연스럽다. '에서'는 '살다'를 활성화하고 주체가 장소를 선택하는 능력이 있음을 나타내는 적극적인 표현이라고 할 수 있다.

▍ '에'는 접촉하는 조사, '에서'는 분리시키는 조사

동사 중에는 동작의 결과로 자연히 어떤 장소에 접근하거나 멀어졌음을 표현하는 것들이 있다. 이때에는 그 장소에 쓰이는 조사의 기능이 매우 현격한 차이를 보인다. '에'가 붙으면 그 장소로 다가가거나, 그 장소를 향해서 움직이거나, 그 장소를 목표로 하는 의미를 주지만, '에서'를 붙이면 그 장소에서 출발하거나 그 장소에서 점점 멀어짐을 뜻한다. 즉, '에'와 '에서'는 서로 반대의 방향에 있는 장소를 나타낸다.

❶ 그는 서울에 왔다.
❷ 그는 서울에서 왔다.

위의 두 문장은 '그'가 있는 장소가 전혀 다름을 잘 보여준다.

❶은 그가 지금 서울에 있음을 나타내고, ❷는 그가 전에는 서울에 있었지만 지금은 그곳을 떠나서 여기에 있음을 뜻한다. 그러나 글을 쓰다 보면 이렇게 명확하게 문장의 의미가 구별되지 않아서 고생하는 경우가 있다. 따라서 '에'와 '에서'의 용례를 더 다양하게 접하는 것이 좋다.

-에-

❸ 영화관에 가려고 집을 나섰다.

❹ 몸에 균이 들어가면 항체가 생긴다.

❺ 서울에 도착해 보니 산에 눈이 쌓여 있었다.

❻ 아이가 금방 잠에 빠져들었다.

❼ 진흙이 옷에 묻었다.

-에서-

❽ 영화관에서 나오다가 친구를 만났다.

❾ 몸에서 독한 냄새가 난다.

❿ 서울에서 출발하여 이곳으로 오는 중이다.

⓫ 아이가 잠에서 깨어났다.

⓬ 진흙이 옷에서 떨어졌다.

아래 ❶-❸의 '에'를 보고 이들이 어떻게 쓰였는지 생각해 보세요.

"우리 중에❶ 누가 그 일을 할 수 있을까?"
"꼭 우리 중에❷ 뽑아야 하나?"
"아마, 우리 중에❸ 뽑힐 만한 사람은 없을 걸."

'에'는 접근의 장소에 쓰이고, '에서'는 분리, 멀어짐의 장소에 쓰인다고 했습니다. 위의 문장들은 선택의 장소를 나타냅니다. 선택이란 일정한 수나 무더기 중에서 어느 하나를 뽑는 일이기 때문에 그 수나 무더기에서 하나가 분리되는 의미를 가집니다. 그렇다면 ❶-❸의 '에'는 모두 잘못된 것일까요?

답

선택의 의미가 명확한 두 문장에 쓰인 '에'❶과 '에'❷는 모두 '에서'로 바꾸어야 한다. '우리 중에서 누구', '우리 중에서 뽑아야'처럼 반드시 '에서'를 써야 한다. 그래야 일정한 무더기에서 분리되어 하나가 선택되기 때문이다. '에'❸은 선택의 의미가 아니라 존재의 의미이다. '뽑힐 만한 사람이 우리 중에 없다'의 의미이기 때문이다. 이 문장은 '우리 중에서' 뽑히는 것이 아니고 우리를 포함한 더 큰 집단에서 뽑히는 것을 생각한 말이다.

▌ '에'와 '에서'의 극적인 차별화

아래 글은 '에'와 '에서'가 의미적으로 얼마나 대단한 차이를 나타낼 수 있는지를 극명하게 보여 준다.

> 광야에 외치는 자의 소리가 있어 이르되 너희는 주의 길을 준비하라. 그의 오실 길을 곧게 하라.(개역개정 성서 「마가복음」 1장 3절)

기독교인이라면 이 구절을 한 번쯤 읽어 보았을 것이고, 기독교인이 아니라도 들어보기는 했을 것이다. 이 구절은 세례 요한이 예수의 등장을 미리 예언한 대목인데, 여기서 '광야에 외치는 소리가 있어'라고 하여 조사 '에'를 사용한 데에 주목할 필요가 있다. 조사 '에'를 사용함으로써 이 말은 '소리가 있어'를 꾸미게 된다. 다시 말하면 이 구절은 외치는 자의 소리가 '광야에' 있다는 뜻을 나타냄으로써 '소리'에 중점을 두는 문장이다. 이는 '외치는 자'를 상대적으로 가볍게 만드는 효과를 낸다. 이에 비해서 이 문장을 아래와 같이 바꾸면 효과가 달라진다.

> **고친 문장** 광야에서 외치는 자의 소리가 있어 이르되 너희는 주의 길을 준비하라. 그의 오실 길을 곧게 하라.

위 문장에서는 '광야에서 외치는 자'가 중요한 의미를 가지게 되고 '소리가 있어'는 상대적으로 가벼워진다. '광야에서'가 '외치는'을 수식하게 되기 때문에 이런 변화가 일어나는 것이다. 그러면 '광야에서 누가 외치는가?'라는 궁금증이 일고, 그 사람이 세례 요한이라는 사실을 알게 되면 이 문장은 '광야에서 세례 요한이 외쳐 이르되'로 이해됨으로써 세례 요한의 구실이 중요한 문장으로 바뀐다. '에'와 '에서'가 꾸미는 대상이 달라짐으로써 강조하는 바를 전혀 다르게 만드는 것을 알 수 있다.

▌생략할 수 있는 '에', 생략할 수 없는 '에서'

'에'는 장소를 나타내는 명사나 대명사 뒤에서는 생략해도 되지만, '에서'는 생략할 수 없다. 이 점도 '에'와 '에서'의 차이라고 말할 수 있다.

❶ 학교에 가니? / 학교 가니?

❷ 서울에 사는 사람들은 멋져. / 서울 사는 사람들은 멋져.

❸ 우리도 회의에 참석한다. / 우리도 회의 참석한다.

위 예문에서 '학교', '서울', '회의' 뒤에 조사 '에'를 생략했지만 아무 문제가 없다. 이처럼 '에'는 생략할 수 있는 조사이다. 물론 언제나 생략할 수 있는 것은 아니고 제한적으로 생략할 수 있다. 그러나 '에서'를 생략하는 경우는 거의 없다.

❹ 집에서 왔다. / 집 왔다.

❺ 서울에서 일할 거야. / 서울 일할 거야.

❻ 회의에서 결정했지./ 회의 결정했지.

위의 세 예문에 쓰인 '에서'를 생략하면 문장 구성이 제대로 되지 않는 것을 알 수 있다.

3. '에'와 '로'

▌'에'와 '로'의 차이

행위의 목적지를 나타내는 데에 '에'와 '로'가 쓰이는데, 이 두 조사 사이에 미묘한 차이가 있다. 그래서 어떤 조사가 쓰였느냐에 따라서 화자의 생각이 조금 다르게 해석될 수 있는데, 이 미묘한 차이를 잘 이용하면 좋은 문장을 만들 수 있다.

❶ 영희는 학교에 갔다.(수업을 받기 위해서)

❷ 영희는 학교로 갔다.(동생을 찾기 위해서)

❸ 영희는 어디에 갔니?

❹ 영희는 어디로 갔니?

❶은 영희가 학교에서 공부를 하거나 학교에서 본래 하게 되

어 있는 일을 보러 간 것이고, ❷는 누구를 찾거나 만나거나 다른 일(학교에서 일반적으로 보는 일이 아닌 일)을 보러 학교에 갔음을 나타낸다. 같은 사람이 학교에 가더라도 그 사람이 학교와 어떤 관계가 있는지 행위 시점의 상황을 검토하여 부사격 조사 '에'를 붙일지, '로'를 붙일지 결정해야 한다. 학생이 배우기 위해서가는 경우에는 마땅히 '학교에 간다'로 표현해야 한다. ❸은 장소가 확정되지 않은 상태이므로 영희가 그곳에서 무슨 일을 할지도 알 수 없다. 그러므로 '에'를 쓴 것이 어색하게 여겨진다. ❹처럼 '로'를 쓰는 것이 자연스럽다.

아래 문장에서 밑줄 친 부분에 쓰인 부사격 조사 '에'의 타당성을 검토해 보세요.

❶ 전세권이 그 존속기간의 만료로 인하여 소멸한 때에는 전세권자는 그 목적물을 <u>원상에 회복하여야</u> 하며 그 목적물에 부속시킨 물건은 수거할 수 있다. 그러나 전세권설정자가 그 부속물건의 매수를 청구한 때에는 전세권자는 정당한 이유 없이 거절하지 못한다.(민법 제316조 제1항)

❷ 누구나 모두가 공감하는 정책과 비전을 마련하고 노동자와 서민이 <u>피부에</u> 느끼는 정치를 펼치겠습니다.(정치인 인사말)

답

❶의 '원상에 회복하여야'는 '회복'의 방향을 나타내므로 '원상으로 회복하여야'라고 해야 한다. 부사격 조사 '에'를 '로'로 바꾸어야 한다.

❷의 '피부에 느끼는'은 '피부로 느끼는'으로 바꾸어야 한다. '피부에'를 쓰려면 '피부에 느껴지는'처럼 피동형 서술어를 쓰거나 '닿는' 같은 동사를 써야 한다.

▎ 부사격 조사 '에'를 대신하는 '을/를'

'에'는 부사격 조사이고, '을/를'은 목적격 조사이므로 '에'를 쓸 자리에 '을/를'을 쓰는 것은 옳지 않다. '에'를 받는 서술어는 자동사이고, '을/를'을 받는 서술어는 타동사이니 자동사에 목적격 조사 '을/를'이 가당치 않음은 당연하다. 그런데 어떤 자동사는 부사격 조사 '에' 대신에 목적격 조사 '을/를'을 써서 특수한 의미를 나타낸다. 아래 예문을 보자.

> ❶ 애가 기어이 그 학원을 가겠단다.
> ❷ 함께 길을 가던 사람들이 갑자기 쓰러졌다.
> ❸ 새 한 마리가 쏜살같이 공중을 날아갔다.
> ❹ 우리는 곧장 고개를 오르기 시작했다.
> ❺ 사람들이 도로 한복판을 서성거리는 모습이 보인다.
> ❻ 어머니께서 혼자 정원을 거닐고 계셨다.

❶은 아이가 지금 학원에 가는 의미를 나타내는 것이 아니라, 학원에 등록하여 다니려고 함을 의미한다. 따라서 행위의 도착지를 나타내는 조사 '에'를 쓰지 않고 목적격 조사 '을/를'을 썼다. ❷부터 ❻까지의 예문에 나오는 '길', '공중', '고개', '한복판', '정원'은 동작의 도착지 또는 목적지가 아니라 동작이 진행 중인 장소를 나타낸다. 이런 경우에도 도착지를 나타내는 조사 '에'를 쓰지

않고 목적격 조사 '을/를'을 쓴다. 자동사가 목적어를 가지는 특이한 구조인 셈인데, 이런 문형을 쓰는 것도 한국어의 한 특징이라고 말할 수 있다.

4. '에'와 '에게'와 '에게서'

▌ 처소격 조사 '에'와 '에게'

'에'와 '에게'는 기능이 다양하다. 여기서는 처소격 조사와 여격 조사로 쓰이는 경우에 두 조사의 사용법이 어떻게 다른지 설명하겠다. 먼저 처소격 조사로 쓰이는 경우의 예를 보자.

> ❶ 아이들은 <u>외가에</u> 갔다.
> ❷ 아이들은 <u>엄마에게</u> 달려갔다.
> ❸ 아이들은 <u>할아버지께</u> 달려갔다.

❶의 목적지는 '외가'라는 사물이고, ❷의 목적지는 '엄마'라는 사람이다. 이처럼 목적지가 사람이면 사람 뒤에 '에게'를 붙이고, 사물이면 그 사물 뒤에 '에'를 붙인다. 동식물인 경우에는 사람처럼 취급하여 '에게'를 붙인다. ❸처럼 높여야 할 사람 뒤에는 '에게'를 붙이지 않고 '께'를 붙인다.

▌여격조사 '에'와 '에게'

여격 조사는 주는 주체가 받는 주체에게 무엇을 줌을 나타내는 기능을 한다. 받는 주체가 사람이나 동물이면 '에게'를 붙이고 그 밖의 사물이면 '에'를 붙인다.

❶ 나무에 거름을 주자.

❷ 이 영광을 조국에 바치겠습니다.

❸ 마당에 물을 뿌려라.

❹ 내가 영수에게 책을 빌려 주었다.

❺ 엄마가 강아지에게 먹이를 주셨다.

❻ 내가 할아버지께 용돈을 드렸다.

❶, ❷, ❸의 받는 주체는 식물이거나 무생물이다. 이런 주체에게 무엇을 주는 경우에 여격 조사 '에'를 사용한다. 이에 비해서 ❹, ❺의 받는 주체는 사람 또는 동물이다. 이런 경우에는 여격 조사 '에게'를 쓴다. 그리고 ❻처럼 받는 사람이 높임의 대상인 경우에는 여격 조사 '께'를 쓴다.

▌'에게'와 '에게서'

'에'와 '에서'의 쓰임새 차이처럼 '에게'와 '에게서'가 달리 쓰인다.

❶ 내가 책을 <u>동생에게</u> 보냈다.

❷ 내가 책을 <u>동생에게서</u> 받았다.

❶의 '동생'은 책의 도착지이고, ❷의 '동생'은 책의 출발지이다. 이는 마치 '에'와 '에서'의 차이와 같다.

▌ '께'와 '께서'

'께'와 '께서'는 기능이 사뭇 다르다. '께'는 처소격 조사 '에게'의 높임 형태인 데 비해, '께서'는 주격 조사 '이/가'의 높임 형태이다.

❶ 책을 <u>선생님께</u> 보냈다.

❷ 그 소식을 <u>아버지께</u> 알려드렸다.

❸ 그 지시는 <u>선생님께서</u> 하셨지.

❹ 이건 <u>어머니께서</u> 보내 주신 옷이다.

❶, ❷에 쓰인 '께'는 모두 '에게'를 쓸 자리에 높임의 의미로 쓰인 부사격 조사이다. 이에 비해서 ❸, ❹에 쓰인 '께서'는 주어를 높이기 위해서 주격 조사 '이/가' 대신에 쓰인 조사이다. '께'는 부사격 조사이고, '께서'는 주격 조사라는 말이다. 다른 말로 하면 '께'가 붙은 말은 문장의 부사어이고, '께서'가 붙은 말은 문장의 주어가 된다.

5. 접속 조사 '와/과'

접속 조사란 둘 이상의 단어나 구 따위를 같은 자격으로 이어 주는 구실을 하는 조사이다. 그중에서 가장 중요하고 자주 사용되는 것이 '와'와 '과'이다. '와/과' 사이에는 받침이 없는 체언 뒤에는 '와'를 붙이고, 받침이 있는 체언 뒤에는 '과'를 붙이는 차이가 있다. 여기서 논하고자 하는 바는 이 두 조사를 쓸 때에 나타나는 중의성의 문제이다.

❶ <u>친구와</u> 함께 여행을 하기로 했다. (받침이 없는 체언 뒤)

❷ <u>운동과</u> 독서를 동시에 할 수 있니? (받침이 있는 체언 뒤)

❸ 나는 <u>동생과</u> 어머니를 찾아 나섰다. (중의성)

❶, ❷의 '와', '과'는 모두 접속 기능을 하는 조사로서 체언의 받침 유무에 따라서 선택되었다. 그런데 ❸의 '과'는 접속 조사이면서 보기에 따라서 서로 다른 두 의미를 나타낼 수 있다. 첫째 의미는 '내가' '동생과 어머니를' 찾아 나섰다는 뜻이고, 둘째 의미는 '나와 동생이' '어머니'를 찾아 나섰다는 뜻이다. 조사가 이런 두 기능을 하는 성질을 중의성이라고 한다. 중의성이 있는 조사가 사용되면 앞뒤 맥락에 따라서 어떤 의미인지 확정해야 한다. 이런 수고를 덜어 주려면 글쓴이가 다음과 같이 보완하는 방

법도 생각해 볼 수 있다.

❹ 나는 동생과 함께 어머니를 찾아 나섰다.

❺ 나는 혼자 동생과 어머니를 찾아 나섰다.

6. 직접 인용 조사 '라고/이라고'

▎ 인용 조사 '라고/이라고'

남의 말이나 생각을 그대로 인용할 때에는 인용하는 내용 뒤에 인용 조사 '라고' 또는 '이라고'를 붙인다. 앞말에 받침이 없으면 '라고', 받침이 있으면 '이라고'를 붙이고, 인용하는 말의 앞과 뒤에 인용 부호인 큰따옴표를 붙인다. '라고/이라고'로 인용한 부분은 문장의 부사어가 되므로 인용 조사 '라고/이라고'는 부사격 조사에 해당한다.

❶ 관리사무소는 "101동에서 화재가 발생했으니 모든 세대는 화재를 피해 밖으로 나가 주세요"라고 안내방송을 내보내고 있었다. (앞말에 받침이 없음)

❷ 앞에 가던 친구가 "바람이 몹시 세군"이라고 말했다. (앞말에 받침이 있음)

▌'라며/이라며', '라는/이라는'

나는 얼마 전까지만 해도 직접 인용 조사 '라고'의 사촌뻘인 위 말을 직접 인용 조사로 볼 것인가 아니면 달리 이해할 것인가 고민을 했다. 그 결과 표준국어대사전의 풀이와 같이 이들을 각각 '라고 하며', '라고 하는'의 준말로 보기로 했다.

❶ 그는 나를 보자 "빨리 꺼져"<u>라며</u> 나를 밀쳤다.

❷ "문 좀 열어 주세요"<u>라는</u> 소리가 아득히 들리는 듯했다.

▌인용 조사 '라고'와 보조사 '라고'

'라고'는 인용의 기능 외에 보조사로서 쓰이기도 한다. 아래의 용례를 참고하여 보조사 '라고/이라고'를 이해하면 좋겠다.

❶ 제 이름은 <u>김성주라고/이상만이라고</u> 합니다.

❷ <u>너라고/그 사람이라고</u> 별 수 있겠니!

❸ <u>무어라고/무엇이라고</u> 딱히 할 말이 없군.

❹ <u>사위라고/아들이라고</u> 하나 있는 것이 걱정만 끼친다.

▌인용 조사 사용의 혼란

주로 언론에서 직접 인용을 편의적으로 표기하여 문제를 일으키는 경우가 많이 있으니 주의해야 한다. 다음 기사문을 보자.

❶ 민간인이 이름을 지으면 공식적으로 인정되거나 국제적으로 통용되기 <u>어렵지 않나라는</u> 지적에 대해 "지도를 30년간 만들었는데 원래 독도에 지명이 하나도 없었다. 같은 바위라도 여러 가지 이름을 가지고 있었다. 보는 시각에 따라 달랐다. 제가 이름을 지어놨더니 국가에서 <u>고시를 했다"고</u> 소개했다.

위 예문에는 두 가지 인용이 있는데, 이 중 '어렵지 않나라는'은 간접 인용이고, "'……고시를 했다'고"는 직접 인용이다. 간접 인용을 위해서 '라는'을 썼고, 직접 인용을 위해서 '고'를 썼다. 그런데 둘 다 문제가 있는 표현이다. 이 기사문의 잘못을 지적하려면 상당히 긴 설명이 필요하다. 나도 최근에야 이 잘못을 제대로 설명할 수 있게 되었다. 설명의 편의를 위해 위 문장을 두 부분으로 나눠 보겠다.

❶¹ 민간인이 이름을 지으면 공식적으로 인정되거나 국제적으로 통용되기 <u>어렵지 않나라는</u> 지적에 대해

❶² "지도를 30년간 만들었는데 원래 독도에 지명이 하나도 없었다. 같은 바위라도 여러 가지 이름을 가지고 있었다. 보는 시각에 따라 달랐다. 제가 이름을 지어놨더니 국가에서 <u>고시를 했다"고</u> 소개했다.

먼저 ❶¹은 간접 인용의 형식을 취했지만 실제로는 직접 인용문이다. '어렵지 않나'까지가 질문 내용임이 분명하기 때문이다. 따라서 이 문장은 아래와 같이 수정해야 한다.

"민간인이 이름을 지으면 공식적으로 인정되거나 국제적으로 통용되기 <u>어렵지 않나</u>"라는 지적에 대해

그러나 이 말을 간접 인용으로 표현할 수도 있다. 그렇게 하려면 아래와 같이 수정하면 된다.

고친 문장 민간인이 이름을 지으면 공식적으로 인정되거나 국제적으로 통용되기 <u>어렵지 않냐는</u> 지적에 대해

'않냐는'은 '않냐고 하는'이 줄어든 말이다. 이렇게 적어 놓으니 직접 인용보다 간접 인용으로 표현하는 것이 더 좋아 보인다. 다만 간접 인용으로 표현하면 질문자의 언어 느낌이 사라진다. 질문자의 질문에서 현장감이 없어진다고 느껴 마치 직접 인용을 하는 것처럼 '않나'라고 하여 질문자가 쓴 종결 어미까지 살려서 쓰게 된 것 같다. 두 마리 토끼를 다 잡으려고 '않나라는'을 씀으로써 어법을 어기는 문장을 생산하고 만 것이다. 직접 인용에는 직접 인용의 어법을 따라야 하고, 간접 인용에는 간접 인용의 어

법을 따라야 한다. 어법을 따르는 것이 언어에 대한 예의이기 때문이다.

❶²의 잘못은 쉽게 알 수 있다. 큰따옴표로 직접 인용을 한 뒤에 인용 조사 '라고'를 붙이지 않고, '고'를 붙인 것이 잘못이다. '고'는 간접 인용을 하기 위해서 종결 어미 뒤에 붙어 하나의 어미를 형성하는 조사이다. 간접 인용에 사용되는 어미 '-ㄴ다고', '-다고', '-라고'는 종결 어미와 인용 조사 '고'가 합성하여 이루어진 어미이다. 따라서 이 어미를 종결 어미 부분과 인용 조사 부분으로 분리하여 표기할 수 없다. 그렇다면 ❶²는 인용 조사 '고' 대신에 '라고'를 써야 한다.

> **고친 문장** "지도를 30년간 만들었는데 원래 독도에 지명이 하나도 없었다. 같은 바위라도 여러 가지 이름을 가지고 있었다. 보는 시각에 따라 달랐다. 제가 이름을 지어놨더니 국가에서 <u>고시를 했다</u>"라고 소개했다.

문법적으로 말하면 큰따옴표 안의 정보는 꼭 완성된 문장이 아니라도 상관이 없다. 말하는 사람이 말한 대로 쓰면 된다. 큰따옴표 안의 종결 어미가 무엇이든, 있든 없든, 마지막 말에 받침이 있으면 '이라고'를 붙이고 받침이 없으면 '라고'를 붙인다.

다음 두 기사문도 ❶과 비슷한 잘못을 범하고 있다. 직접 인용문 뒤에 어미 '-며'나 '-고'를 붙인 잘못을 범한 것이다. 당연히 '라며'와 '라고'를 붙여야 한다.

❷ 서 씨는 "나 역시 50이라는 나이에 들어서니 앞으로 남은 인생을 어떻게 살아야 할지 <u>진지해진다</u>"며 "그래서 홀로 백두대간을 걸으며 자신과 같이 길을 잃어버린 숱한 사람들을 만나 나누었을 이야기가 <u>궁금해진다</u>"며 서점에 가서 책을 보니 이런 내용이 있다고 소개했다.(일간 신문 기사)

❸ 나 전 의원은 "포용과 존중을 절대 포기하지 마라. 질서정연한 무기력함보다는 무질서한 생명력이 <u>필요하다</u>"며 대통령실과 당을 향한 쓴소리를 남겼다. 그는 "오늘 이 정치 현실은 무척 <u>낯설다</u>"고 했다.(일간 신문 기사)

위 문장을 읽어 보면 간접 인용하듯이 읽을 수 있는 장점이 있다. 그러나 직접 인용을 간접 인용처럼 읽는 것은 심각한 부조화이다. 간접 인용을 하려면 인용 부호 없이 '진지해진다며', '궁금해진다며', '필요하다며', '낯설다며'처럼 한 단어로 표기해야 한다. 직접 인용을 하려면 마땅히 직접 인용 조사 '라며', '라고'를 써야 한다. 신문 기자들의 편의적인 기사 쓰기를 나무라지 않을 수 없다. 한 가지 덧붙이자면, 직접 인용은 그 사람의 말을 정확하게 인용하는 것이 생명이다. 따라서 화자가 종결어미에 높임법을 사용하는 것을 그대로 살려야 한다. 그러면 자연히 인용 조사를 제대로 붙일 수 있게 된다. ❸을 정확하게 인용하면 아래와 같은 문장이 된다.

❸¹ 나 전 의원은 "포용과 존중을 절대 포기하지 마십시오. 질서정연한 무기력함보다는 무질서한 생명력이 필요합니다"라며 대통령실과 당을 향한 쓴소리를 남겼다. 그는 "오늘 이 정치 현실은 무척 낯섭니다"라고 했다.

아래 문장에서 잘못된 인용 조사를 바로잡으세요.

루이비통 전 시리즈를 보유하고 있는 이하니는 '상속녀의 한 달 용돈은 얼마나 <u>될까'는</u>❶ 궁금증에 대해 "용돈? 그런 거 생각해본 적 없다. 가고 싶은 데 있으면 다 데려다 주고, 사고 싶은 거 있으면 다 <u>사 준다"고</u>❷ 답했다.(일간 신문 기사)

답

두 곳에 잘못된 인용 조사가 쓰였다. 직접 인용을 나타내는 조사를 써야 한다.

　❶ '상속녀의 한 달 용돈은 얼마나 될까?'라는 궁금증
　❷ "용돈?……사고 싶은 거 있으면 다 <u>사 준다"라고</u>

작은따옴표로 인용하는 경우도 큰따옴표로 인용하는 경우와 같은 어법을 사용한다. 인용하는 대상이 다를 뿐이다. 작은따옴표로 인용하는 대상은 마음속으로 한 말이나 생각, 그리고 큰따옴표 안에 다시 나오는 인용문이다.

참고

작은따옴표와 인용 조사

작은따옴표나 큰따옴표나 기본은 직접 인용하는 내용에 붙인다는 점에 차이가 없으므로 그 뒤에 인용 조사 '라고'를 붙이는 것이 당연하다. 간접 인용하는 경우에 그 부분이 간접 인용한 부분이라고 구분하여 표기하는 문장 부호는 없다. 그냥 간접 인용의 기능을 하는 '-다고', '-ㄴ다고', '-라고' 같은 어미를 쓰면 된다. 한글 맞춤법에는 작은따옴표를 드러냄표나 밑줄 대신으로 쓸 수 있다고 규정하고 있는데, 강조하기 위해서 쓴 작은따옴표 뒤에는 인용 조사를 쓸 이유가 없는 것이 사실이다. 문제는 작은따옴표로 구별해 놓은 부분이 간접 인용문이냐 아니면 간접 인용한 부분을 강조하는 내용이냐 판단하기가 쉽지 않다는 점이다. 아래 문장을 읽어 보면서 작은따옴표 안의 내용이 직접 인용인지 간접 인용한 부분을 강조한 것인지 판단해 보자.

> 남자는 아무 생각이 없이 먼 산을 보고 있는데 '여자가 먼저 자기에게 말을 걸어왔다'고 주장했다.

위 작은따옴표 안의 문장은 분명히 간접 인용문이다. 남자가 '자기'라는 대명사를 쓴 것으로 이렇게 판단할 수 있다. 그렇다면 작은따옴표를 붙이지 말아야 한다. 그런데 굳이 작은따옴표를 붙인 것은 이 부분을 강조하기 위함이라고 볼 수 있다. 그러면 현재의 문장에 아무 문제가 없어진다. 문제는 강조하기 위해서 한 문장 전체에 작은따옴표를 붙여서 인용문으로 오해를 사게 되어 인용 조사의 오용으로 인식될 여지가 크다는 점이다. 강조하기 위함이라면 말 전체에 작은따옴표를 붙일 것이 아니라 핵심적으로 강조하고자 하는 단어나 문구에만 붙여야 할 것이다. 여기서 강조할 곳은 '여자가 먼저'일 것이다. 따라서 이 문장은 아래와 같이 작은따옴표를 붙이면 된다.

> 남자는 아무 생각이 없이 먼 산을 보고 있는데 '여자가 먼저' 자기에게 말을 걸어왔다고 주장했다.

강조하기 위해서 붙이는 작은따옴표는 문장 전체에 붙이지 말고 그 문장 중에서 가장 강조해야 할 부분에만 붙이라는 것이 결론이다. 강조하기 위해서 쓰는 문장 부호로는 드러냄표와 밑줄이 있다. 이 문장을 이 부호를 써서 나타내면 아래와 같이 된다.

남자는 아무 생각이 없이 먼 산을 보고 있는데 여자가 먼저 자기에게 말을 걸어왔다고 주장했다.(드러냄표)

남자는 아무 생각이 없이 먼 산을 보고 있는데 여자가 먼저 자기에게 말을 걸어왔다고 주장했다.(밑줄)

이렇게 보면 작은따옴표 뒤에 오는 인용 조사에 각별히 신경을 써야 할 것 같다. 간접 인용이면 인용 조사가 아닌 인용 어미를 붙여야 하고, 강조하기 위한 작은따옴표는 문장이 아닌 핵심 내용에만 붙이자.

7. 조사 생략

조사는 생략할 수 있다. 글말에서는 조사를 생략하지 않는 것이 바람직하지만, 생략하면 안 되는 것은 아니다. 그러나 입말에서는 조사를 생략하는 편이 자연스러운 경우가 많다. 한편, 조사를 생략할 수 있다고 해서 모든 조사를 생략할 수 있는 것은 아니다. 생략해서는 안 될 조사가 있기 때문이다. 그래서 조사 생략에 대해서 조금 깊이 다뤄 보고자 한다.

▌생략할 수 있는 조사

조사에는 격조사와 보조사가 있는데, 격조사는 생략할 수 있다. 주격 조사 '이/가', 목적격 조사 '을/를', 보격 조사 '이/가', 관형격 조사 '의', 부사격 조사 중에서 처소를 나타내는 조사 '에'는 생략할 수 있다. 그 밖의 격조사와 보조사를 생략하면 문장이 불완전해지거나 의미가 왜곡되므로 생략하면 곤란하다. 또, 입말에서는 광범위하게 생략하는 경향이 있지만, 글말에서는 좀처럼 생략하지 않는 것이 보통이다. 아래 문장은 입말을 전제로 하여 든 예이다.

❶ 여기가 우리 집이야.

❷ 영희야, 너 마트 가서 참기름 한 병 사 와라.

❸ 나이 든다고 다 엄마 되는 게 아니다.

❶에는 관형어 '우리'에 관형격 조사 '의'가 생략되었다. ❷에는 앞 독립절의 주어 '너'에 주격 조사 '가'가 생략되었고, 뒤 독립절의 부사어 '마트'에 처소를 나타내는 부사격 조사 '에'가 생략되었으며, 목적어 '병'에 목적격 조사 '을'이 생략되었다. ❸에는 종속절의 주어 '나이'에 주격 조사 '가'가 생략되었고, 주절 안의 관형절의 보어 '엄마'에 보격 조사 '가'가 생략되었다. 이처럼 격조사는 광범위하게 생략된다.

▋ 생략할 수 없는 조사

일단, 보조사는 생략하면 안 된다. 보조사를 써서 화자가 말하고자 했던 의미가 사라지기 때문이다.

❶ 나는 물만 마실래요. ➡ 나 물 마실래요.
❷ 서울까지는 안 갈래. ➡ 서울 안 갈래.
❸ 날씨마저 우리를 외면했다. ➡ 날씨 우리 외면했다.

❶은 보조사 '는'과 '만'을 생략하면 어떤 문장이 되는지 보인 것이다. 보조사를 생략하니 다른 사람은 여러 음료수를 마시지만 나는 오로지 물만 마신다는 의미가 완전히 사라지고 말았음

을 알 수 있다. ❷는 보조사 '까지'와 '는'을 모두 생략한 경우이다. 보조사가 생략되니 어디까지 갈 것인지의 문제가 서울을 갈 것인지의 문제로 바뀜을 알 수 있다. ❸은 보조사를 생략하니 날씨를 원망하는 듯한 감정이 사라졌다. 이처럼 보조사를 생략하면 그 보조사로 표현하고자 하는 화자의 심리 상태를 전혀 표현하지 못하는 문장이 되는 것을 알 수 있다.

▎ 서술격 조사의 생략

서술격 조사는 체언을 서술어로 만드는 기능을 하는 조사로서 '이다'가 유일하다. 그런데 이 조사는 활용을 하여, 어미의 문법적 기능에 따라서 '이다, 이고, 이니, 이면, 이므로' 등의 형태로 쓰이고, 서법에 따라서 '이냐, 이구나, 이로다' 등의 형태로 쓰인다. 여기에 높임법이 가해지면 '입니다, 이어요, 이네, 이지' 같은 형태로도 쓰인다. 서술격 조사를 생략하면 경우에 따라서 여러 문제가 발생한다. 생략하더라도 의미 전달에 문제가 되지 않는 경우도 있고 문제가 되는 경우도 있다.

❶ 이것은 사과이고, 저것은 능금이다.
❷ 여기는 도서관이니 조용히 해라.
❸ 고향이라서 더욱 애착이 간다.

❶의 서술격 조사 '이고'와 '이다'는 생략해도 의미 전달에 문제가 거의 없다. ❷의 서술격 조사 '이니'도 생략할 수 있다. 다만 한국어를 갓 배운 사람의 말처럼 표현이 어색해짐은 어쩔 수 없다. ❸의 서술격 조사 '이라서'를 생략하면 화자의 심리 상태가 정확히 전달되지 않는다. 따라서 서술격 조사의 생략은 자유롭지만 의미 왜곡이 일어날 수도 있다는 점을 잊지 말아야 한다.

▌ 서술격 조사의 활용형과 형태가 같은 조사

서술격 조사 '이다'의 활용형과 같은 형태를 가진 조사가 여럿 있어서 이들의 문법적 지위가 헷갈리기 쉽다. 이에 관해서 조금 알고 가자. 아래 문장의 밑줄 친 부분은 서술격 조사가 아니라 접속 조사이다.

❶ 돈<u>이고</u> 명예<u>고</u> 다 잃었다.
❷ 밥<u>이니</u> 떡<u>이니</u> 잔뜩 먹었다.
❸ 춤<u>이면</u> 춤, 노래<u>면</u> 노래, 못하는 것이 없다.
❹ 참가자는 신분증<u>이나</u> 접수증을 지참하시오.

접속 조사는 언제나 두 낱말을 연결하는 기능을 한다. 한편 아래 예문의 밑줄 친 부분은 서술격 조사가 아니라 보조사이다.

❺ 자기가 사장<u>이나</u> 되는 것처럼 으스댄다.

❻ 사람<u>이란</u> 생각하는 동물이야.

❼ 라면<u>이라도</u> 먹자.

　보조사는 격조사를 쓸 자리에 화자의 속마음을 나타내기 위하여 쓴다. ❺의 '이나'는 보격 조사를 쓸 자리에 쓴 보조사이다. ❻의 '이란'은 주격 조사를 쓸 자리에 써서 자신이 주어를 설명하겠다는 의도를 드러낸다. ❼의 '이라도'는 목적격 조사를 쓸 자리에 써서 라면에 대한 화자의 속생각을 드러낸다.

아래는 김영랑의 시 「묘비명」입니다. 이 시의 밑줄 친 부분에 생략되었다고 생각되는 조사를 넣어보세요.

생전에 이다지 외로운 <u>사람</u>❶
어이해 뫼 아래 <u>비돌</u>❷ 세우오
초조론 길손의 한숨이라도
헤어진 고총에 자주 떠오리
날마다 외롭다 가고 말 <u>사람</u>❸
그래도 뫼 아래 <u>비돌</u>❹ 세우리
"외롭건 내 곁에 쉬시다 가라"
한되는 한 <u>마디</u>❺ 삭이실난가

 참고

자신의 묘비에 "외롭건 내 곁에 쉬시다 가라"라는 문장을 써 놓겠다는 뜻을 나타낸 시이다. 스스로 묻고 스스로 답하는 형식으로 만들어졌다. 생략된 조사 자리에 넣을 조사는 생각하기에 따라서 다를 수 있다.

답

❶ '사람' 뒤에 주격 조사 '이' 또는 호격 조사 '아'
❷ '뫼' 뒤에 관형격 조사 '의', '아래' 뒤에 부사격 조사 '에', '비돌' 뒤에 목적격 조사 '을'
❸ '사람' 뒤에 서술격 조사 '이다'의 활용형인 '이지만' 또는 '이나'
❹ '뫼' 뒤에 관형격 조사 '의', '아래' 뒤에 부사격 조사 '에', '비돌' 뒤에 목적격 조사 '을'
❺ '마디' 뒤에 목적격 조사 '를'

조사의 종류

조사는 체언에 붙어서 사용될 뿐 독립적으로 사용되지 않는다. 그러나 국어에서는 조사를 단어로 다룬다. 따라서 사전에서 조사를 올림말로 올리고 뜻풀이를 하고 있다.

조사는 기능에 따라서 세 부류로 나눌 수 있다. 문장에서 하나의 성분으로서 체언이 자리를 차지하게 만드는 조사로 격조사가 있고, 기능이 격조사와 비슷하지만 특별한 의미를 보태는 보조사가 있으며, 낱말과 낱말, 구와 구를 이어 주는 접속 조사가 있다. 각 조사를 분류하면 아래와 같다.

격조사	주격 조사 : 이/가 목적격 조사 : 을/를 관형격 조사 : 의 부사격 조사 : 에, 에서, 에게, 에게서, 로/으로 등 서술격 조사 : 이다 호격 조사 : 야/아, 여/이여
보조사	은/는, 도, 나/이나, 뿐, 만 등
접속 조사	과/와, 하고, 랑/이랑, 나/이나 등

2장

어미

백마강은 공주 곰나루에서부터 시작하여 백제 흥망의 꿈 자취를 더듬어 흐른다. 풍월도 좋거니와 물도 맑다. 그러나 그것도 부여 전후가 한참이지, 강경에 다다르면 장꾼들의 흥정하는 소리와 생선 비린내에 고요하던 수면의 꿈은 깨어진다.(채만식, 『탁류』에서)

이 인용문은 장편 소설 『탁류』의 들머리에 나오는 것으로서, 금강 풍경을 묘사한 부분이다. 지금은 강경에서 장꾼들의 흥정하는 소리가 들리지 않겠지만, 채만식의 금강은 오늘도 유유히 공주, 부여, 강경을 거쳐 군산에 다다라 서해로 흘러가고 있다. 위의 글에는 금강을 묘사하기 위하여 많은 동사와 형용사가 동원되었다. 이 가운데에서 '시작하여', '더듬어', '흐른다', '다다르면', '흥정하는', '깨어진다' 등은 동사이고, '좋거니와', '맑다', '고요하던' 등은 형용사이다.

이들 동사와 형용사를 분석하면 뜻이 드러나는 부분과 문법적인 기능이 드러나는 부분으로 나뉜다. 즉 이들은 '시작하＋여', '더듬＋어', '흐르＋ㄴ다', '다다르＋면', '흥정하＋는', '깨어지＋ㄴ다', '좋＋거니와', '맑＋다', '고요하＋던'처럼 나눌 수 있다. 그리고 의미는 앞부분에 실려 있고, 기능은 뒷부분에 실려 있다는 사실도 알 수 있다. 동사와 형용사는 언제나 이처럼 의미를 나타내는 부분과 문법적 기능을 나타내는 부분으로 구성되는데, 의미를 나타내는 부분을 어간語幹, 문법적 기능을 나타내는 부분은 어미語尾라고 한다.

동사와 형용사는 어간과 어미로 이루어진다. 어간과 어미의 관계는 마치 명사가 조사를 부리듯 어간이 어미를 부려 문법적인 기능을 하게 하므로 어간을 동사나 형용사로 볼 수도 있지만, 어간이 어미 없이 사용되는 일이 없기 때문에 어간과 어미를 합하여 동사, 형용사로 본다. 이것은 마치 사람이 옷을 입지 않은 상태로 나타나는 경우가 없다고 해서 '옷을 입은 사람'만 '사람'으로 생각하는 것과 비슷한 발상처럼 보인다.

이처럼 현행 문법에서는 어간과 어미를 독립적으로 다루지 않는다. 그러나 두 요소를 철저하게 독립적으로 인식하는 것은 한국어를 정확하게 구사하는 데에 도움이 된다. 다시 말하면 어미를 단순히 동사나 형용사의 꼬리로 홀대할 것이 아니라 문법 요소로서 독립적으로 파악하고 그 사용법을 익혀야 한다는 말이다.

1. 어미 '-고'와 '-며'

아래의 동요는 어른들이 아이들과 놀면서 함께 불렀던 노래이다. 일본 동요를 누군가가 번역해서 만든 노래일 테지만, 이미 광범위하게 불리고 있으니 구태여 국적을 따질 일은 아니라고 생각하고 과거를 회상하는 의미에서 한번 소리를 내어 불러 보기 바란다.

> 아침 바람 찬바람에
> 울고 가는 저 기러기
> 우리 선생 계신 곳에
> 엽서 한 장 써 주세요.

아마 어렸을 적에 불렀던 동요이기 때문에 조금도 이상한 생각이 들지 않을 것이다. 어른들이 잘못 가르치면 아이들은 그것을 옳은 것처럼 인식하게 되고, 그들이 어른이 되면 당연하다는 듯 같은 잘못을 자기 아이들에게 물려주어 결국 옳지 않은 것이 옳은 것으로 자리를 잡기 마련이다. 여러분은 '울고 가는 저 기러기'를 상상할 수 있는가? 아마 틀림없이 '끼룩끼룩' 소리를 내면서 날아가는 기러기를 상상할 것이다. 그러면 다시 기러기가 끼룩끼룩 소리를 내면서 날아가는 모양을 묘사해 보기 바란다. 이번에는 '기러기가 끼룩끼룩 울고 간다'라고 말할지 '기러기가 끼룩끼룩 울며 간다'라고 말할지 검토하면서 말이다. 아마 대부분은 '기러기가 울고 간다'라고 하지 않고 '기러기가 울며 간다'라고 할 것이다. 그리고 비로소 여러분은 어미 '-고'와 '-며'의 차이를 잊고 있었음을 깨닫게 될 것이다.

▌'-고'는 두 동작의 동시성을 나타내지 못한다

한 주체가 동시에 두 동작을 하는 경우에 이것을 어떻게 표현할까? 동작을 나타내는 어휘는 동사이므로 두 개의 동사를 사용하게 될 텐데, 그 둘을 어떻게 연결하면 두 동작이 동시에 진행됨을 나타낼 수 있을까? 이는 바로 어떤 어미를 사용해야 하는가의 문제이다. 결론부터 말하면 이런 경우에는 어미 '-고'를 쓰지 않고 '-며'를 쓴다.

❶ 여기서 먹고 가자.
❷ 결과를 보고 와라.
❸ 조문하러 갔다가 실컷 울고 왔다.

위의 예문에서 보듯이 '-고'는 두 동작을 나열하는 기능을 하는 어미이다. 다시 말하면 한 주체가 두 동작을 할 때에 그 두 동작을 나열하는 기능을 하는 어미가 '-고'이다. 두 동작을 나열할 때에는 일반적으로 일어나는 순서에 따르는 것이 보통이므로, '-고'로 연결되는 동작은 시차를 두고 일어나는 듯 보인다. 이에 비해서 어미 '-며'는 한 주체가 두 동작을 동시에 함을 나타낸다.

❹ 시간이 없으니 먹으며 가자.
❺ 사태를 보며 말했다.
❻ 너무 아파서 줄곧 울며 왔다.

'-고'와 '-며'의 기능을 더 뚜렷이 하기 위해 아래 문장을 검토해 보자. ❶^1, ❷^1, ❸^{1}은 '-고'의 기능보다 더 확실하게 동작의 선후를 나타내는 어미 '-고서'를 사용했고, ❹^1, ❺^1, ❻^{1}은 '-며'의 기능보다 더 확실하게 동시 동작의 의미를 나타내는 어미 '-면서'를 사용했다.

❶^1 여기서 먹고서 가자.
❷^1 결과를 보고서 와라.
❸^1 조문하러 갔다가 실컷 울고서 왔다.
❹^1 시간이 없으니 먹으면서 가자.

❺¹ 사태를 보<u>면서</u> 말했다.

❻¹ 너무 아파서 줄곧 울<u>면서</u> 왔다.

이처럼 한 주체가 둘 이상의 동작을 할 때에 그 동작의 나열이나 선후를 나타내려면 '-고'나 '-고서'를 써야 하고, 둘 이상의 동작이 동시에 일어남을 나타내려면 '-며'나 '-면서'를 써야 한다. 행위의 주체가 다른 경우에는 주어＋서술어로 이루어진 두 문장이 독립적으로 이어지는 형식이기 때문에 이 경우에는 두 문장을 잇는 데 쓰이는 연결 어미 '-고'를 쓴다.

❼ 아버지는 밭을 가시<u>고</u>, 어머니는 빨래를 하신다.

❽ 지금은 바람도 세차게 불<u>고</u>, 눈도 많이 내린다.

아래 문장의 괄호 안에 들어갈 어미로 '-고'와 '-(으)며' 가운데 어느 것이 더 적절한지 판단해 보세요.

❶ 동생은 하던 일을 멈추(   ) 나에게 달려왔다.

❷ 동생은 싱글거리(   ) 나에게 달려왔다.

❸ 아이들은 신이 나서 웃(   ) 말했다.

❹ 영희는 큰소리로 대답하(   ) 주위를 돌아보았다.

❺ 아내는 어머니께 인사를 드리(   ) 돌아서서 울기 시작했다.

❻ 무슨 생각을 했는지 아이가 눈을 뜨(   ) 나를 쳐다보았다.

❼ 나는 그의 눈을 바로 보(   ) 물었다.

❽ 웃(   ) 사는 것이 건강에 좋다.

❾ 어머니가 나가시(   ) 뒤이어 아버지도 나가셨다.

❿ 종로에는 사람들도 많이 다니(   ) 자동차도 많이 다닌다.

❶은 한 동작이 끝난 뒤에 다음 동작을 한 것이므로 '-고'가 맞다.

❷는 싱글거리는 동작과 달려오는 동작이 동시에 일어난 것이므로 '-며'가 맞다.

❸도 웃는 동작과 말하는 동작이 동시에 일어났다고 보아야 하므로 '-으며'가 맞다.

❹는 '-고'와 '-며'를 다 쓸 수 있다. '-고'를 쓰면 대답을 마친 뒤에 주위를 돌아본 것이 되고, '-며'를 쓰면 대답을 하는 도중에 주위를 돌아본 것이 된다.

❺는 한 동작이 끝난 뒤에 다른 동작을 한 것으로 보아야 하므로 '-고'가 맞다.

❻은 동작이 시차를 두고 이루어지는 것이므로 '-고'가 맞다.

❼은 보면서 묻는 동작을 할 수 있으므로 '-며'가 맞다.

❽은 '-으며'와 '-고'를 다 쓸 수 있다. '-으며'를 쓰는 경우에는 사는 동안 줄곧 웃는다는 의미가 되고, '-고'를 쓰면 사는 동안의 한순간 한순간에 웃는다는 의미가 된다.

❾와 ❿은 주체가 다른 두 행위를 연결하는 경우이므로 '-고'를 써야 한다.

▌ '-며'에는 동작을 나열하는 기능이 없다

'-며'는 어떤 동작을 하는 동안에 다른 동작도 함께 함을 나타내는 어미이다. 따라서 '-며'는 동시에 할 수 있는 동작이 아닌 두 동사를 잇는 역할은 하지 못한다.

❶ 오고 가는 사람들이 많지 않다.

❷ 마음껏 먹고 마시자.

❶¹ 오며 가는 사람들이 많지 않다.

❷¹ 마음껏 먹으며 마시자.

❶의 '오고 가는'은 '오는'과 '가는'을 나열한 것이다. 따라서 이 문장은 '오는 사람과 가는 사람이 많지 않다'를 뜻한다. 만일 '오고 가는'을 ❶¹처럼 '오며 가는'으로 바꾸면 말이 되지 않는다. 오는 동작과 가는 동작은 동시에 할 수 없는 동작이기 때문에 동시 동작을 나타내는 어미 '-며'가 어울릴 리가 없다.

❷는 먹는 행위와 마시는 행위를 권하는 말이다. 그러나 이것을 ❷¹처럼 '먹으며 마시자'라고 한다면 먹는 행위와 마시는 행위를 모두 권하는 것이 아니라 먹으면서 마시는 하나의 행위만 권하는 것이 된다. 따라서 현재 이루어지는 행위를 나열할 때에는 ❶이나 ❷처럼 '-고'를 쓰지 '-며'를 쓰지 않는다.

다만 셋 이상의 동작을 나열할 때 '-고'가 잇달아 나오는 것을 꺼려서 '-며'를 사용하기도 한다. 동시에 일어날 수 없음이 명확한 여러 동작을 나열하는 경우에 이런 방법이 사용된다. 아래의 예에서 쓰인 '-며'는 '-고'를 대신해서 동작을 나열하는 기능을 한다.

❸ 우리는 함께 극장에도 갔고, 음악회에도 갔으며, 때로는 무도장에도 갔다.

❹ 아이들은 함께 놀고, 공부도 함께 하며, 잠도 함께 잔다.

괄호 속에 '-며' 또는 '-고'를 넣어 보세요.

❶ 여행하면 보( ) 듣는 것이 많아진다.
❷ 일하( ) 쉬는 것을 구별해라.
❸ 이곳은 내가 놀( ), 싸우( ), 배우( ) 어린 시절을 지낸 곳이다.
❹ 우리는 만나면 서로 헐뜯( ), 욕하( ), 할퀴( ) 싸운다.
❺ 어제는 비가 내렸( ), 바람이 불었( ), 기온도 내려갔다.

답

❶에는 나열의 기능이 있는 '-고'가 들어가야 한다. ❷에도 나열의 기능이 있는 '-고'가 들어가야 한다. 만일 '일하며 쉬는'이라고 하면 일을 하면서 틈틈이 쉬는 의미를 가지게 된다. ❸은 '놀고, 싸우고, 배우며'가 맞다. 이것은 원래 '놀며, 싸우며, 배우며'의 뜻인데 나열의 기능을 가진 '-고'를 써서 몇 개의 동사를 나열하게 한 것이다. 만일 '배우고'라고 한다면 '논 곳', '싸운 곳', '배운 곳', '지낸 곳'처럼 나열하는 의미를 가지게 된다. ❹는 '헐뜯고, 욕하고, 할퀴며'가 맞다. 만일 '할퀴고'라고 한다면 '헐뜯음', '욕함', '할큄', '싸움'이 독립적인 행위가 된다. ❺는 '내렸고, 불었으며'가 맞다. 이 경우의 '-며'는 '-고'와 같이 나열의 기능을 한다.

▌ '-며'와 '-면서'

이 두 어미가 동사에 사용되는 경우에는 뜻에 별다른 차이가 없다. '-며'를 쓸 자리에 '-면서'를 쓰더라도 의미가 달라지지 않는다.

❶ 영희가 웃으며 말했다.

❷ 영희가 웃으면서 말했다.

어휘에 매우 민감한 사람은 '-며'보다 '-면서'가 더 행동을 잘 드러내는 어미라고 보고, ❶의 '웃으며'보다 ❷의 '웃으면서'가 웃는 행위를 더 적절하게 표현한다고 생각할 것이다. 그러나 그 차이는 무시해도 괜찮을 정도로 미미하다.

'-며'와 '-면서'의 의미 차이가 크게 나는 곳은 형용사의 어미로 쓰이는 경우이다. '-며'는 단순히 두 형용사를 나열하는 기능으로는 쓰이지 않는다. 반면에 '-면서'는 두 형용사를 아우르는 기능으로 쓰인다. 이때 '-면서'는 '-고'와 같은 기능을 한다.

❸ 그의 다리는 굵고 짧다.

❹ 그의 다리는 굵으면서 짧다.

❸과 ❹ 두 문장에는 의미적으로 차이가 없다. 다음 예문에서 알 수 있듯이 '-면서'는 조사 '이다'의 어미로도 훌륭하게 쓰인다.

이 경우에는 '-고'보다 '-며'와 같은 의미를 나타낸다.

> ❺ 배우이고 가수인 사람들이 모였다.
> ❻ 배우이며 가수인 사람들이 모였다.
> ❼ 배우이면서 가수인 사람들이 모였다.

❺는 배우와 가수가 모였다는 말이고, ❻은 배우 겸 가수인 사람들이 모였다는 말이다. ❼은 ❻보다 더욱 확실하게 배우 겸 가수들이 모였다는 뜻을 나타낸다.

다음 괄호 속에 '-고', '-며', '-면서'를 골라 넣어 보세요.

❶ 민족주의자(   ) 사학자였던 신채호 선생이 말씀하셨다.

❷ 여기는 가수(   ) 작곡가인 사람들만 오는 곳이다.

❸ 동생이 울(   ) 나에게 숙제를 부탁했다.

❹ 젊(   ) 아름다운 여자들이 다 모였다.

❺ 가을 산이 붉(   ) 파랗게 채색되어 있다.

답

❶ 신채호 한 사람을 꾸미므로, '-며'가 적절하다. ❷ '-고'를 쓰면 '가수와 작곡가'를 나타내게 되고, '-며/-면서'를 쓰면 '가수 겸 작곡가'를 나타내게 된다. ❸ '-며'가 적절하다. '-면서'를 써도 좋다. ❹ '-고'가 적절하다. 젊은 여자들과 아름다운 여자들이라는 뜻이다. '-며'는 여기에 어울리지 않는다. ❺ '-고'가 어울린다. '붉은색과 파란색'의 의미를 나타낸다.

2. 어미 '-아/-어'와 '-아서/-어서'

어미 '-아/-어'와 '-아서/-어서'도 구별해서 사용하는 것이 좋다. 아래 두 문장의 차이를 생각해 보자.

❶ 시험지를 찢어 버렸다.

❷ 시험지를 찢어서 버렸다.

❶은 시험지를 찢었다는 뜻으로 한 말이고, ❷는 시험지를 찢은 다음에 그것을 버렸다는 뜻으로 한 말이다. ❶의 '찢어 버렸다'는 한 동작이고 ❷의 '찢어서 버렸다'는 두 동작이다. 문법에서는 어미 '-아/-어'는 뒤에 보조 동사를 데리고 오는 어미라는 뜻으로 보조적 연결 어미라고 부른다. 즉 이 어미는 동사와 보조 동사를 연결하는 경우에 사용된다. 이에 비해서 '-아서/-어서'는 한 동작이 끝난 뒤에 다른 동작을 하는 경우에 두 동작을 나열하는 어미로 쓰인다. 이런 어미를 병렬적 연결 어미라고 부른다. 따라서 '-아/-어'와 '-아서/-어서'는 구별해서 써야 한다. 그러나 아래와 같은 경우에는 이 두 어미의 쓰임새가 별로 구별되지 않는다.

❸ 도둑을 잡아 묶었다.

❹ 도둑을 잡아서 묶었다.

❺ 도둑을 잡아서 때리지 않고 그냥 묶었다.

❸과 ❹의 의미가 거의 구별되지 않는 것이 사실이지만, 더 세밀하게 관찰하면 전혀 구별되지 않는 것도 아니다. ❸은 '잡자마자 곧바로 묶는 경우'를 상정한 것이고, ❹는 동시 동작의 의미보다는 두 동작이 차례로 이루어지는 것을 생각한 표현이다. ❸은 '잡은 다음에 생각할 것 없이 바로 묶는 행위'에 가깝고, ❹는 '잡고 한숨을 돌린 뒤에 묶은 행위'에 가깝다. 따라서 두 동작의 선후 관계를 명확하게 나타내고 싶거나 두 동작이 시간의 차이를 두고 여유 있게 진행됨을 나타낼 때에는 '-아서/-어서'를 써야 한다. ❺가 바로 그런 경우이다.

3. 어미 '-므로'와 조사 '으로'

한글 맞춤법 제57항에는 비슷하게 소리가 나지만 의미나 쓰임새가 다른 어휘들이 용례와 함께 제시되어 있다. 그런 어휘 가운데 어미 '-므로'와 조사 '으로'가 포함되어 있다. 규정에 제시된 용례를 보면 다음과 같다.

❶ 그가 나를 믿으므로 나도 그를 믿는다.
❷ 그는 믿음으로 산 보람을 느꼈다.

❶의 '믿으므로'와 ❷의 '믿음으로'가 소리가 같기 때문에 어미 '-므로'와 조사 '으로'를 자칫 혼동하여 사용할 가능성이 있다. '믿으므로'는 '믿＋으므로'의 구성으로서 동사 '믿다'의 어간에 연결 어미 '-(으)므로'가 붙은 형태이다. 이에 비해서 '믿음으로'는 명사 '믿음'에 수단이나 조건을 나타내는 부사격 조사 '으로'가 붙은 형태이다. 위 용례가 썩 적절하지는 않지만, 이 형태가 가지는 의미의 차이는 구별할 수 있으니 잠깐 설명을 하겠다.

❶은 '그가 나를 믿는다. 그러므로 나도 그를 믿는다'로 된 두 개의 문장이 어미 '-므로'에 의해서 한 문장으로 이어진 것이다. 이런 문장을 이어진문장이라고 하고, 두 문장을 한 문장으로 잇는 어미를 연결 어미라고 한다. '-므로'는 바로 연결 어미의 하나로서 앞 문장이 뒤 문장의 조건이나 원인이 됨을 나타낸다.

❷는 '그는 믿음을 가졌다. 그 믿음 때문에 산 보람을 느꼈다'라는 두 문장의 의미를 한데 모아 한 문장으로 만든 것이다. 여기에서 '믿음'은 산 보람을 느끼게 만드는 조건이고, 조사 '으로'가 조건을 나타내는 기능을 한다. 더 구체적인 예를 하나 들어 보자.

❸ 그는 하면 된다는 믿음으로 위기를 극복했다.

❸은 그가 위기를 극복할 수 있었던 것은 '하면 된다는 믿음'이 있었기 때문이라는 의미이다. 이처럼 서술어를 이루는 조건

을 나타내는 기능을 하는 조사가 '으로'이다. 따라서 '믿으므로'와 '믿음으로'는 문법적으로 전혀 다른 구성과 쓰임새를 가지는 어구이다. 다른 동사에 붙는 어미 '-므로'와 그 동사의 명사형에 붙는 조사 '으로'를 검토해 보자.

❹ 영수는 열심히 노력하므로 반드시 성공할 것이다.
❺ 영희는 열심히 노력함으로 성공하려고 한다.

❹는 영수가 지금 열심히 노력하기 때문에 성공할 것이라고 판단한 문장이다. '노력하다'의 어간에 조건이나 원인을 나타내는 연결 어미 '-므로'가 붙은 것이다. ❺는 영희의 결심을 나타내는 문장이다. 즉 영희가 돈이나 연줄을 동원하여 성공하려고 한 것이 아니고 '열심히 노력함'으로 성공하겠다고 다짐했다는 것이다. 따라서 수단인 '열심히 노력함'에 수단을 나타내는 부사격 조사 '으로'를 붙였다.

수단을 나타내는 부사격 조사 '으로'와 같은 기능을 하는 조사로 '으로써'가 있다. '으로써'는 '으로'를 강조하는 부사격 조사인데, 아래와 같이 쓰인다.

❻ 돈과 권력으로써 사람을 회유하려고 한다.
❼ 대통령은 진지한 연설로써 국민을 설득했다.

위의 예문에 쓰인 '(으)로써'는 '(으)로'와 같이 수단을 나타내는 부사격 조사이다. 따라서 아래와 같이 말할 수 있다.

❽ 우리는 서로 사랑함으로써 공동체 생활을 영위할 수 있다.
❾ 사람들은 죽음으로써 자기의 결백을 증명하려고 한다.

위의 예문은 '사랑함'과 '죽음'을 수단으로 삼아서 무엇을 함을 나타낸다. 그런데 많은 경우에 아래와 같은 오류를 범한다.

❿ 영수는 열심히 노력하므로써 반드시 성공할 것이다.
⓫ 영희는 열심히 노력하므로써 성공하려고 한다.

위 예문의 '노력하므로써'는 연결 어미 '-므로'에 '써'를 붙인 것인데, 이렇게 쓰면 틀린다. 연결 어미 '-므로'는 '써'를 붙여서 강조할 수 없다. '-므로'에 '써'를 붙여도 강조가 되지 않을 뿐 아니라 오히려 의미의 혼란을 가져오기 때문이다. '-므로써'라는 어미는 한국어에 없으므로 조심해야 한다.

조건을 나타내는 조사 '(으)로써'를 설명한 김에 자격을 나타내는 조사 '(으)로서'와의 구별법을 설명하는 것이 좋겠다. '(으)로써'와 '(으)로서'의 소리가 비슷하기 때문에 구별하여 적기 어려울 때가 있다. 그래서 앞에서 말한 한글 맞춤법 제57항에 이 두 조사를 구별할 수 있도록 예문이 제시되어 있다.

⑬ 사람으로서 그럴 수는 없다.

⑭ 닭으로써 꿩을 대신했다.

⑬는 사람이라는 자격을 가지고 그럴 수는 없다는 뜻을 나타낸다. 이런 의미를 나타내기 위해서 자격이나 지위를 나타내는 기능을 하는 부사격 조사 '(으)로서'가 쓰였다. 이에 비해 ⑭은 닭이라는 사물을 이용하여 꿩을 대신했다는 뜻을 나타낸다. 여기서 '닭'은 이용된 사물, 곧 수단이 되었는데, 수단을 나타내는 기능을 하는 부사격 조사 '(으)로써'가 쓰였다. 이 두 조사의 기능을 확실하게 이해하도록 용례를 하나 더 제시해 보겠다.

⑮ 그는 자기 회사의 대표로서 회의에 참석했다.

⑯ 대화로써 갈등을 풀어 보자.

위의 예문을 읽음으로써 조사 '(으)로서'와 '(으)로써'의 차이를 명확하게 알게 되었으리라고 믿는다.

아래 괄호 속에 들어갈 말을 적어 넣으세요. 문장의 끝에 있는 동사나 형용사에 어미를 붙이거나 그 명사형에 조사를 붙이면 됩니다.

❶ 우리는 서로 (　) 영원히 행복하게 살 것이다. (사랑하다)
❷ 이 옷은 너무 (　) 추운 날에는 입을 수 없다. (얇다)
❸ 누구나 (　) 남을 억누르려고 해서는 안 된다. (강하다)
❹ 어려운 일을 (　) 능력을 인정받게 되었다. (해내다)
❺ 보궐선거에서 (　) 국회의원이 되었다. (당선되다)

❶ 사랑하므로 ❷ 얇으므로 ❸ 강함으로(써) ❹ 해냄으로(써) ❺ 당선됨으로(써)

4. 어미 '-도록'

'-도록'은 종속절이 주절의 목적이나 결과, 방식, 정도 따위가 됨을 나타내는 연결 어미이다.

❶ 나무가 잘 자라도록 거름을 주었다.
❷ 손님이 편히 주무시도록 조용히 해야 한다.
❸ 아이들이 길을 안전하게 건널 수 있도록 보살펴야 한다.
❹ 철수는 눈만 뜨면 신이 다 닳도록 돌아다녀요.
❺ 학생들은 밤이 새도록 토론을 계속했다.

위 다섯 예문은 국립국어원의 표준국어대사전에 실린 것들이다. '자라도록……주었다, 주무시도록 조용히 해야 한다, 건널 수 있도록 보살펴야 한다, 닳도록 돌아다니다, 새도록……계속했다'처럼 모든 예문이 '-도록' 다음에 새로운 동사나 행위를 가진 절이 나옴을 볼 수 있다. 이는 어미 '-도록'이 두 절을 연결하는 기능을 하기 때문이다. 이들 예문을 자세히 살펴보면 '-도록'으로 연결된 두 문장(서술어)의 주어가 다름을 알 수 있다. 즉 '-도록'의 앞에 있는 동사의 주어와 뒤에 있는 동사(또는 서술어)의 주어가 다르다. '-도록'은 앞의 주어가 일정한 행위를 할 수 있게, 뒤의 주어가 그와 관련된 새로운 행위를 해야 함을 나타내는 것이다. 그런데 아래 예문은 이들과 사뭇 다른 구성을 보인다.

❻ 오늘 출발할 수 있<u>도록</u> 해라.

❼ 빨리 시작하<u>도록</u> 해라.

❽ 어서 가<u>도록</u> 하자.

위의 세 예문에서는 '-도록' 다음에 새로운 행위를 나타내는 동사나 절이 나타나지 않고 곧바로 '하다'가 나왔다. 이 경우는 '하다'가 대동사로 쓰여 새로운 행위를 나타낼 동사를 대신하고 있다고 이해할 수 있다. '출발할 수 있도록 해라'는 '출발할 수 있도록 준비해라' 또는 '출발할 수 있도록 지시해라' 같은 의미를 나타내고, '빨리 시작하도록 해라'는 '빨리 시작하도록 전해라' 또는 '빨리 시작하도록 조치해라' 같은 의미를 나타내며, '가도록 하자'도 '가도록 부탁하자'나 '가도록 권하자' 같은 의미를 나타낸다. 이렇게 보면 '-도록 하다'의 구문은 말하는 사람이 듣는 사람에게 '-도록' 뒤의 행위를 하라고 지시하거나 권유하는 의미를 가진다. 그렇다면 아래 예문은 '-도록'을 잘못 쓴 예가 된다.

❾ 저는 이빨이 시원찮으니 죽을 먹<u>도록</u> 하겠습니다.

❿ 지금부터 제가 책을 읽<u>도록</u> 하겠습니다.

위 두 예문에 사용된 '-도록'은 우선 앞뒤 행위의 주어가 같고, 뒤의 행위 '하다'가 앞의 동사인 '먹다'나 '읽다'와 같은 행위를 나타낸다. 자신이 하려는 행위를 나타내는 데 '-도록'을 쓴 것이다. 잘 아는 바와 같이 자신이 하려는 행위를 나타내려면 그 행위의 어간에 미래 시제인 '-겠-'을 붙인다. 즉 **❾**는 '저는 죽을 먹겠습니다'로 바꾸어야 하고, **❿**은 '책을 읽겠습니다'로 바꾸어야 한다. 요즘 수많은 방송인과 유튜버들이 '-도록 하겠습니다'라는 표현을 마치 그렇게 해야 하는 양 사용하는데, 하루빨리 시정해 주면 좋겠다.

아래 문장에 쓰인 '-도록'의 적절성을 검토해 보세요.

❶ 이상으로 오늘 모두발언을 마치고 질문을 <u>받도록</u> 하겠습니다.(정부 정례 브리핑)

❷ 오프라인 공간은 물론이고 이 온라인의 광장에서 자주 뵙고 소통하기 원하며, 저 자신부터 한분 한분의 말씀을 열심히 경청하는 자세를 바르게 <u>세우도록</u> 하겠습니다.(정치인 인사말)

답

❶ <u>받도록</u> 하겠습니다 ➡ 받겠습니다

❷ <u>세우도록</u> 하겠습니다 ➡ 세우겠습니다

어미 해설

용언과 서술격 조사는 어간과 어미로 구분되는 구조를 가진다. 어간은 의미를 나타내는 부분으로서 문장 안에서 변하지 않고, 어미는 문법 기능을 맡는 부분으로서 문장 안에서 변화한다.

문장 안에서 어미가 바뀌는 현상을 활용이라고 하는데, 활용에는 규칙 활용과 불규칙 활용이 있어서 각 단어는 이 규칙에 따라서 어미가 바뀐다.

어미는 위치에 따라서 어말 어미와 선어말 어미로 나뉘고, 어말 어미는 기능에 따라서 종결 어미, 연결 어미, 전성 어미로 나뉜다. 어말 어미는 단어의 맨 끝에 온다. 선어말 어미는 어간과 어말 어미의 사이, 곧 어말 어미 앞에 온다. 그래서 선先어말 어미라고 이름을 붙였다. 활용은 어말 어미에서 일어나는 현상이다.

어말 어미	• 종결 어미 : -다, -ㅂ니다/-습니다, -어라/-아라, -ㅂ니까/-습니까, -군, -구나 등 • 연결 어미 : -어/-아, -고, -니/-으니, -며/-으며, -면/-으면 등 • 전성 어미 : -ㅁ/-음, -기
선어말 어미	-었-/-았-, -겠-, -더-, -는-, -시-/-으시-, -옵- 등

선어말 어미 사용 순서

선어말 어미는 여러 개가 중첩되어 어말 어미 앞에 쓰이는 경우가 많은데, 선어말 어미를 쓰는 순서는 일정하다. '시었겠더군'의 순서를 지켜야 한다. 이 순서를 기능별로 분석하면 아래와 같다.

높임(-시-)-과거(-었-)-추측(-겠-)-회상(-더-)-종결 어미(-군)

즉, 여러 선어말 어미가 쓰일 때에는 맨 앞에 높임을 표시하는 선어말 어미 '-시-'가 오고, 다음에 과거를 나타내는 선어말 어미 '-었-/-았-'이 온다. 추측이나 의지를 나타내는 선어말 어미 '-겠-'은 과거 시제를 나타내는 선어말 어미 뒤에 온다. 그다음에 과거 회상을 나타내는 선어말 어미 '-더-'가 오고, 그 뒤에 종결 어미('-군')가 온다. 간혹 상대에 대한 겸양 표현으로 '-옵-', '-사옵-'을 쓸 때에는 '-겠-'의 뒤에 붙인다.

어미의 활용

• 규칙 활용 : 기능에 따라서 정해진 방법으로 어미가 변하는 것. '막다, 깊다, 피다, 앉다, 좋다, 맑다' 같은 용언이 규칙 활용을 한다.

• 불규칙 활용 : 일부 어미가 붙을 때에 그 어미의 형태가 바뀌거나 어간의 일부가 바뀌는 것. '일컫다, 부르다, 노랗다, 붓다' 같은 용언이 불규칙 활용을 한다.

나는 사람들이 언어생활을 하는 것을 보면서 참으로 신기하다는 생각을 한다. 말하는 사람은 어떻게 그 많은 어휘를 적절하게 사용하여 말을 하고, 듣는 사람은 어떻게 그 사람의 말을 정확하게 이해하는가? 사람들은 다음과 같은 말을 순식간에 한다.

엄마　엄마 생각에는 네가 공부할 때 집중을 안 하는 것 같아. 자꾸 딴생각만 하는 것 같아.

딸　아냐, 그건 아니거든.

엄마　너 끓는 물 얘기 몰라? 물이 몇 도에 끓어? 100도에 끓지. 99도에서는 끓지 않아. 100도가 되어야 끓는데, 1도가 모자라도 안 끓어. 네가 지금 그래. 1도의 물이나 99도의 물이나 끓지 않는 건 같아. 조금만 더 집중하면 100도의 물이 되어 끓는데 왜 안 하는데?

딸 근데, 엄마, 왜 100도가 되어야 하는데? 꼭 100도가 좋은
거야? 라면 끓일 때는 100도가 좋지만, 차를 마실 때는 꼭
안 끓어도 되잖아. 그리고 목욕할 때는 40도면 충분하고.
엄마 좋아하는 커피도 100도 아니잖아. 그리고 끓는 물이
좋다면 왜 여름에 차가운 물을 찾고, 강물과 바닷물은 안
끓어서 쓸모없는 물이야? 왜 모든 물이 꼭 100도가 되어야
하는데?(이재호, 「끓지 않는 물」에서, 『키움 수필집』)

엄마와 딸의 대화인데, 어떻게 이런 말들을 순식간에 주고받
을 수 있을까? 물론 몇 가지 핵심어는 머릿속에 들어 있었겠지
만 그것을 풀어내는 솜씨는 정말로 놀랍다. 여러분은 혹시 이런
생각을 해 본 일이 있는가? 많은 어휘 가운데에서 하나씩 선택
하여 문장을 만들다 보면 실수해서 아래와 같은 문장을 만들 수
도 있다는 생각 말이다.

눈부신 햇빛이 비치는 밤이면 여자는 자기 아내의 부인을 유혹했다.

통사적으로는 아무 문제가 없는 것이 분명하므로 말을 하다
보면 이런 말도 하게 될 것 같지 않은가? 그러나 정상적인 한국
인은 결코 이런 말을 하지 않는다. 여러분은 아마 이런 말을 하

는 사람을 보면 대번에 정신 이상자로 취급하고 말 것이다. 그러나 자세히 따져 보면 여러분도 정도의 차이는 있지만 '가장 우수한 한국어 화자'(이런 사람을 상상할 수 있을 것이다)가 보면 말이 안 되는 말을 하는 경우가 수없이 많다는 것을 알아야 한다.

김희선 씨가 인제 데뷔한 지가 오래 좀 됐기 때문에 본인 자신은 나이가 들었다고 이제 생각을 하나본데 많은 시청자 여러분들께서는 아직도 참 어려 보이고 그렇지 않습니까.(한 방송에서)

이것은 한 아나운서 출신 방송 진행자가 한 말이다. 웬만한 한국인이면 이 말에서 문제점이 무엇인지 찾아낼 수 있을 것이다. '오래'와 '좀'이 함께 쓰인 점, '시청자 여러분께서는'이 무엇의 주어인지, 그리고 전체의 의미는 무엇인지 알기 어려운 점이 이 문장의 문제이다. 아래의 말은 더욱 많은 문제점을 안고 있다.

제가 사실은 이제 이 책에서 저도 상당히 현실을 강조를 하는데 사실은 이 책이 제가 보고 있으면 참 재미있어요. 일본에 사실 92년도에 사실은 뭐 이 책은 시오노 선생님이 일본 사람들에게 얘기하고 싶은 내용을 담았을 겁니다. 그런데 지난 10년을 보면은 일본 같은 경우 잃어버린 10년이거든요. 그런데 여전히 이 책이 나왔어도 여전히 일본은 지리멸렬하고 우리도 여전히 뭐 우리는 그렇게 표현은 안 하겠습니다만. 하여튼 이제 뭐 그렇게 뭐 하여튼 간에 저 뭐 근데 그런 이런 얘기가 근데 전 뭐냐면 이 책을 갖다가 지금 진중권 선생님이 얘기하였듯이 이것이 영웅주의라든가 신화를 꼭 만들려는 것은 아니고 사실은 책을 내용을 보면은 사실은 상당히 저는 현실이 들어가 있다고 생각을 합니다.(한 방송에서)

한 도시 건축 디자인 전문가가 텔레비전에 출연하여 한 말이다. 이 말은 "눈부신 햇빛이 비치는 밤이면 여자는 자기 아내의 부인을 유혹했다"보다 더 한국어답지 못하다. 한국인이라도 한국어를 이렇게 잘못 사용할 수 있다는 좋은 예가 될 것이다. 그러면 여러분은 위 글에서 잘못을 지적하여 바로잡을 수 있는지 생각해 보기 바란다. 이 글의 어디가 어떤 문제를 품고 있는지 말하려면 한국어 문장의 문법을 알아야 하고, 그중에서 위 글이 저지른 잘못을 문법적으로 설명할 수 있어야 한다. 나는 위 글이 단어와 단어, 문법 요소와 문법 요소 사이의 호응을 무시하고 제멋대로 아무렇게나 단어를 써서 말을 했다는 점을 지적하고자 한다. 예를 들어 보자.

제가 사실은 이제 이 책에서 저도 상당히 현실을 강조를 하는데 사실은 이 책이 제가 보고 있으면 참 재미있어요.

이 문장에서 '제가 사실은'이라고 했으면 뒤에 마땅히 여기에 맞는 서술어를 써서 문장을 마무리해야 한다. '제가 사실은……이렇게 했다'처럼 주어 '제가'에 맞는 서술어를 써서 문장을 마무리해야 한다. 이 문장은 '이 책이 제가 보고 있으면 참 재미있어요'라고 끝나기 때문에 주어는 '이 책이'고, 서술어는 '참 재미있어요'이다. 그러면 그 앞에 있는 '제가……강조를 하는데'는 전체 문장에서 어떤 역할을 할까? '이 책이 참 재미있어요'와 어떻게 연결될까? 도무지 답이 나오지 않는다. 그래서 이 문장은 호응이 엉망인 문장이라고 말하게 된다. 문장의 각 성분이 서로 어떤 관계를 맺기 어렵게 연결되어 있는 것이다. 이제 문장 안에서 우리가 지켜야 할 호응에 대해서 이야기를 해 보고자 한다. 호응을 이해하기 위해서 연습문제를 풀어 보고 가자.

아래 글에서 밑줄 친 부분의 호응 관계를 검토하고 적절하게 고쳐 보세요.

> 폭력을 행사하는 <u>남자의 특성은 가장 약한 여자에게 가해진다.</u> 아내가 남편의 분풀이용 밑바닥 계급이었다. 아내의 순종과 침묵을 요구하는 권위적인 남성우월주의가 약자의 인권을 유린한 것이다.(박다인,「분홍 보따리」에서,『키움 수필집』)

답

주어인 '남자의 특성'과 서술어인 '가해진다'가 호응하지 않는다. '특성'이란 '어떤 사물에만 있는 특수한 성질'을 나타내는 말이므로, 이것에 호응하는 서술어는 그 특성을 서술하는 말이거나 그 특성 때문에 나타나는 어떤 상황이나 행위가 되는 것이 자연스럽다. 즉, 남성의 특성이 어떤 경우나 상황에서 나타난다거나 그것이 어떤 속성을 가진다거나 하는 설명이 서술어로 와야 한다. 주어가 그에 합당한 서술어가 오도록 제약하고 있음을 알 수 있다.

> **고친 문장** 폭력을 행사하는 남자의 특성은 가장 약한 여자를 폭력의 대상으로 삼는다는 것이다.

1. 호응˚이란 제약에 순응하는 것

앞의 연습문제에서 지적한 부분을 고쳐서 새로 만든 문장들을 보고 여러분은 고친 문장이 이전의 문장보다 더 정확하고 자연스러움을 느꼈을 것이다. 그렇다면 왜 우리는 두 문장 가운데에서 하나를 부자연스럽게 느끼고 다른 하나를 자연스럽게 느낄까? 특히 처음에는 그렇게 생각하지 않다가도 전문가의 설명을 들으면 왜 "과연 그렇군!" 하고 생각하게 될까? 일반인이 잘못된 문장을 잘못인지 모르고 쓰는 이유는 의미가 통하기 때문이다. 일단 의미가 통하면 문장의 세밀한 문제점은 지나치게 마련이다. 그런 습관이 오래 유지되는 동안 점점 잘못된 문장에 익숙해져서 무신경해지는 것이다.

그러나 언어 전문가가 일반인에게 무엇이 잘못이고 왜 잘못인지를 알려 주면 일반인의 내부에서 잠자고 있던 언어 능력이

● '호응'의 사전적 의미는 '한 문장 안에서, 어떤 특정한 말 뒤에는 반드시 다른 특정한 말만 오게 되는 제약적 쓰임'이다. 예컨대 '바야흐로 -려 하다', '여간 -지 않다' 같은 경우에 부사와 그 뒤에 오는 서술어의 의미 그리고 서술어 뒤에 오는 보조 동사 사이에 성립되는 관계를 호응이라고 한다. 이처럼 호응이 몇몇 특별한 어휘에서 나타나기 때문에 이것이 중요하게 취급되지 못하고 있는 것이 사실이다. 그러나 이 책에서는 '호응'을 매우 넓은 뜻으로 사용한다. 즉 특정한 말과 다른 말 사이에 일정한 제약적 관계가 형성되면 이를 모두 넓은 의미의 호응으로 본다. 이렇게 보면 한국어의 대부분의 문제가 호응의 문제로 귀결되기 때문에 호응만 이해하면 한국어를 정확하게 사용할 수 있다. 그러므로 여기에서는 문장의 각 성분에 맞는 어휘나 어구를 쓰게 하기 위해서 통사적 호응을 이야기하고, 어휘와 어휘 사이의 제약 관계를 알게 하기 위해서 어휘적 호응을 이야기하며, 어절과 어절 사이의 제약 관계를 설명하기 위해서 논리적 호응을 이야기하려고 한다.

잠에서 깨어나서 문제점을 이해하게 된다. 그렇다면 언어 전문가가 가르쳐 주는 것은 무엇일까? 일반인은 무엇을 쉽게 잊어서 잘못을 저지르고, 언어 전문가는 무엇을 가르쳐서 한국어다운 한국어를 쓰도록 지도할까? 그것은 다름 아닌 언어의 제약 관계이다. 일반인은 어휘와 어휘, 어구와 어구 사이에 일정한 제약 관계가 있음을 쉽게 간파하지 못한다. 이 어휘를 썼으면 서술어로는 어떤 어휘를 쓸 수 없고, 어떤 관형어나 부사어는 어떤 명사나 동사와 친하지 않다는 판단을 쉽게 하지 못한다. 그래서 언어 전문가의 지도가 필요한 것이다.

길가에 가는 사람의 옷차림이나 매무새가 좋을 때, 여러분은 신선함과 아름다움을 느껴 공연히 기분이 좋아질 것이다. 머리카락에서부터 정장과 구두에 이르기까지 색상과 디자인이 고루잘 어울리는 사람의 모습을 본 일이 있는가? 그렇다면 이제 머릿속으로 그 사람의 구두를 벗기고 운동화를 신겨 보기 바란다. 원래의 모습과 새로운 모습은 어떻게 다른가? 여러분은 틀림없이 원래의 모습에서는 자연스럽게 아름다움을 느끼지만 새로운 모습에서는 아름다움을 느끼기 전에 부자연스러움을 느낄 것이다. 그 이유는 무엇일까? 구두나 운동화나 다 발에 꿰는 것인데 왜 구두를 신으면 자연스럽게 보이고 운동화를 신으면 부자연스러울까? 그것은 그의 옷차림이 신의 종류를 제약하기 때문이다. 양장을 하면 굽이 조금 높은 구두가 어울리고, 운동복을 입으면 운동화가 어울리고, 등산복을 입으면 등산화가 어울린다. 옷이 신발에 주는 이런 제약 관계를 벗어나서 아무렇게나 신을 신으면 부자연스럽게 보이는 것이다.

우리는 언어에서도 바로 이런 관계를 생각할 수 있다. 한 어휘가 다른 어휘를 취할 때에 일정한 제약을 가하는 경우가 많다. 정도의 차이가 있을 뿐이지 그런 제약을 하지 않는 어휘가 없다고 해야 할 것이다. 그런 제약이 얼마나 두드러지냐에 따라서 많은 사람이 그것을 느끼기도 하고 일부 사람만 느끼기도 한다. 디자이너나 코디네이터의 눈과 보통 사람의 눈이 다르듯이 어학자의 눈과 보통 사람들의 눈이 다를 수 있다. 대체로 보통 사람들은 디자이너가 디자인한 옷에서 더 완벽한 아름다움을 느끼듯이 어학자의 언어에서 더 완벽한 자연스러움을 느끼지 않을 수 없다. 우리가 옷을 제 몸에 맞게 제대로 입기 위해서 옷의 제약 관계를 알아야 하듯이 한국어를 한국어답게 제대로 사용하기 위해서는 어휘나 어구의 제약 관계를 알아야 한다. 문장에 사용된 모든 어휘들이 이런 제약 관계를 잘 지키고 가장 조화로운 상태에 있는 문장을 호응이 잘 이루어진 문장이라고 한다.

연습문제 ❷

아래 문장에서 밑줄 친 부분의 호응 관계를 검토하고 적절하게 고쳐 보세요.

> 우리 과학의 힘으로 우리 국방을 지킨다는 사명감으로 굳게 뭉친 여러분의 노고와 성취를 치하합니다.(대통령이 국방과학연구소를 방문하여 연구원들을 치하하는 말 중에서)

답

'국방'은 '국토를 방위함'을 의미하는 말이다. 따라서 국방을 지킨다고 말할 수 없다. 서술어가 자기에 합당한 목적어를 제한하고 있는 것이다.

> **고친 문장 ❶** 과학의 힘으로 우리 국토를 지킨다는 사명감으로 굳게 뭉친 여러분의 노고와 성취를 치하합니다.

위 문장은 목적어를 중하게 여긴다면 목적어가 서술어를 제약하는 것으로 파악할 수 있다. 그러면 아래와 같이 문장을 재구성할 수도 있다.

> **고친 문장 ❷** 과학의 힘으로 국방을 튼튼히 하겠다는 사명감으로 굳게 뭉친 여러분의 노고와 성취를 치하합니다.

2. 통사적 호응

호응 가운데에서 가장 쉽게 눈에 띄는 것이 통사적 호응이다. 여러 문법 요소들이 서로 제약을 주고받으며 문장을 구성하는 경우에 당연히 이들 문법 요소들은 서로 호응이 되어야 한다. 문형에 알맞은 주어, 서술어, 목적어, 부사어, 관형어를 사용하는 것이 통사적 호응이다.

▌주어와 서술어의 호응

문장을 읽을 때에 가장 먼저 신경을 써야 하는 점이 주어에 맞게 서술어를 썼는지 확인하는 일이다. 먼저 문장의 주어가 무엇인지 찾아내고 그다음에 그 주어에 맞는 서술어가 어디 있는지 찾는 것이다. 문장 구성에서 가장 기본적인 것이 주어와 서술어를 호응시키는 일이기 때문이다. 글을 쓸 때 맨 먼저 생각하는 것이 주어이고, 그것의 어떠함을 설명하는 것이 서술어이다. 이 둘이 호응하지 않는다는 것은 정신을 잃고 글을 쓰거나 횡설수설함을 의미한다. 그런데 말을 길게 하다가 주어를 잊어버리고 마냥 하고 싶은 이야기를 하다 보면 엉뚱한 서술어로 끝을 맺는 경우가 많다. 이른바 비문이 이렇게 만들어진다. 다음은 주어와 서술어가 호응하지 않는 문장이다.

존경하는 울산 시민 여러분, 울산은 우리나라 자동차 산업의 <u>심장</u> <u>부</u>입니다. 500여 개 업체에서 5만여 명의 노동자가 함께 일하며, 하루에 6,000대, 연간 150만 대의 자동차를 생산하는 세계 최대의 자동차 <u>생산 공장입니다</u>.(정치인 연설문)

울산은 어떤 도시인지 언급해 울산 시민에게 자부심을 심어 주기 위해서 행한 연설인데, 결과적으로는 울산을 '자동차 생산 공장'으로 규정한 연설이 되었다. 이는 울산과 자동차 공장을 동일시하는 말이어서, 울산의 이미지를 자동차만 생산하는 도시로 왜곡하는 셈이 되었다. '자동차 생산 공장입니다'를 '자동차 생산 공장을 가진 도시입니다'라고 하면 주어의 이미지가 왜곡되지 않고 주어가 잘 서술된다.

아래 문장에서도 주어와 서술어가 호응하지 못하는 점을 발견할 수 있을 것이다.

<u>이상한 것은 할머니가 다른 사람과 얘기하는 모습을 본 적이 없다.</u> 언제나 혼자였고, 낡은 유모차에 종이상자와 신문지 뭉치가 실려 있곤 했다.(박다인, 「유모차 할머니」에서, 『키움 수필집』)

'이상한 것은'이라고 주어를 제시했으면 당연히 이상한 내용이 서술어로 나와야 한다. 그런데 위 문장에는 서술어로 자신이

본 사실을 제시했다. 그러면 그 사실이 이상한 것이 되어 진짜 이상한 문장이 되고 만다. 사실 할머니가 다른 사람과 이야기하는 모습을 보지 못한 것이 이상한 일이라고 말하기는 어렵다. 만일 할머니가 이야기하는 것을 피한다면 이상하게 여길 만하다. 따라서 이 문장은 두 가지로 고쳐 쓸 수 있다. 주어를 바꾸는 방법과 주어를 그대로 두고 서술어를 바꾸는 방법이다.

고친 문장 ❶ 나는 할머니가 다른 사람과 얘기하는 모습을 본 적이 없다. (주어를 바꿈)

고친 문장 ❷ 이상한 것은 할머니가 다른 사람과 얘기하는 것을 피하려 한다는 점이다. (서술어 바꿈)

아래 문장에서 호응이 되지 않는 부분을 제시하고 이를 고쳐 보세요.

심사 절차는 디자인 개발 전문 업체와 담당 부서에서 1차 심사, 전문가 등으로 구성된 심사위원회에서 2차 심사를 거쳐 수상작 4점을 선정하게 된다.(지방자치단체 공고문)

답

주어 '심사 절차는'과 서술어 '심사를 거쳐'가 호응하지 않는다. 주어가 능동사 '거치다'를 취할 수 없기 때문이다. 아래 고친 문장 ❶은 '심사 철자'를 주어로 삼는 대신에 서술어를 피동 표현인 '진행되며'로 바꾼 문장이고, 고친 문장 ❷는 '심사'를 목적어로 바꿔 생략된 주어('공공기관'일 수 있다)로 하여금 '진행하고, 선정하는' 동작을 하도록 쓴 문장이다.

고친 문장 ❶ 심사 절차는 디자인 개발 전문 업체와 담당 부서에서 1차 심사, 전문가 등으로 구성된 심사위원회에서 2차 심사로 진행되며, 수상작 4점을 선정하게 된다.
고친 문장 ❷ 심사는 1차로 디자인 개발 전문 업체와 담당 부서에서, 2차로 전문가 등으로 구성된 심사위원회에서 진행하여, 수상작 4점을 선정한다.

밑줄 친 주어와 서술어의 호응 관계를 검토하여 문제점을 말해 보세요.

❶ 하지만 국제 공조가 이루어지는 가운데서도 물밑에서는 세계 <u>각국은</u> 치열한 경쟁이 벌어지고 있습니다.(정치인 연설문)

❷ <u>권 씨의 발언은</u> 미국의 빌 클린턴 행정부가 한때 북한 원자로 폭격까지 검토했던 1차 북핵 위기 전후에 나온 리 씨의 글을 <u>뭉뚱그려 지칭한 것이다.</u>(언론사 사설)

❸ 깨끗하고 발전적인 <u>미래는</u> 여러분의 관심과 참여가 <u>꼭 필요합니다.</u>(정치인 인사말)

❹ 『2009 활력충전 나의 휴(休)테크』 공모전의 공모 분야는 경기 불황 속에 창의적이고 경제적인 여가 활동 사례, 저탄소 녹색 여가 활동 사례 두 분야로, <u>공모 기간은</u> 2009년 4월 27일(월)~5월 24일(일)까지 한 달간 <u>실시된다.</u>(문화체육관광부 보도 자료)

❺ 2007년을 기점으로 급격히 증가하게 된 국내 체류 <u>외국인의 마약범죄는</u> 우리나라에 입국하여 경기 인천 전남 등 근로공단에서 일하는 태국인 노동자 또는 체류기간이 만료된 <u>불법체류자들로,</u> 피로회복 및 유흥을 목적으로 신종마약 야바를 상습투약하는 것으로 확인되었다.(경찰청 보도 자료)

❻ "효창공원은 김구 선생 묘역, 삼의사 묘역, 임정 묘역이 자리한 유서 깊은 장소로서 정숙하게 이용하세요. <u>동반 애완견의 목줄을 착용하고,</u> 배설물은 즉시 수거하여 주세요."(효창공원 안내문)

❶ '각국은⋯⋯경쟁이 벌어지고 있습니다'를 '각국은⋯⋯경쟁을 벌이고 있습니다'로 고쳐야 한다.

❷ '권 씨의 발언은⋯⋯뭉뚱그려 지칭한 것이다'를 '권 씨의 발언은⋯⋯뭉뚱그린 것이다'로 고쳐야 한다.

❸ '미래는⋯⋯꼭 필요합니다'를 '미래를 위해서는⋯⋯꼭 필요합니다'로 고쳐야 한다.

❹ '공모 기간은⋯⋯한 달간 실시된다'를 '공모 기간은⋯⋯한 달간이다'로 고칠 것.

❺ '외국인의 마약범죄는⋯⋯불법체류자들로'를 '외국인 마약범죄자는⋯⋯불법체류자들로'로 고쳐야 한다.

❻ 밑줄 친 부분의 주어가 생략되었다. 지시문이기 때문에 주어가 생략된 것인데, 의미상의 주어는 '시민' 또는 '이용자' 정도가 될 것이다. 그렇다면 '시민'이나 '이용자'에게 애완견의 목줄을 착용하라는 말이 되어서 주어와 서술어('착용하고')가 호응하지 않는다. '(이용자는) 동반 애완견의 목줄을 착용하고'를 '(이용자는) 동반 애완견에 목줄을 채우고'로 고쳐야 한다.

▌ 목적어와 서술어의 호응

서술어의 대상이 될 만한 것을 목적어로 삼지 않으면 문장이 어색해지거나 의미를 파악하기 어려워진다. 어떤 동사는 어떤 목적어를 취하지 않는다는 관행이 있다면 이 호응 관계도 지켜야 한다.

이제 32년간의 군 경험과 장관으로 재직한 2년간의 <u>국정 경험을</u> 제 고향 부여와 청양을 위해 <u>헌신하겠습니다.</u>(정치인 인사말)

위 문장에서 서술어는 '헌신하다'이고 목적어는 '국정 경험을' 이다. 동사 '헌신하다'는 '몸을 바치다'를 뜻하는 자동사인데, 자동사는 목적어를 가지기 어렵다. 따라서 '국정 경험을'을 목적어로 취할 수 있는 타동사를 서술어로 삼아야 한다. '국정 경험을 사용하겠습니다'라고 하면 목적어와 서술어가 호응한다. 문장구조를 바꿔 '국정 경험을'을 목적어로 삼을 수 있는 동사를 쓰면 아래처럼 바꿀 수도 있다.

고친 문장 이제 32년간의 군 경험과 장관으로 재직한 2년간의 <u>국정 경험을 살려서</u>, 제 고향 부여와 청양을 위해 <u>헌신하겠습니다.</u>

다음 문장은 목적어를 주제어로 삼으면서 그 목적어에 맞지 않은 서술어를 쓴 예이다.

결국 1차적인 <u>검증은</u> 교수를 채용하는 <u>대학이</u> 질 수밖에 없다.(일간 신문 사설)

위 문장의 주어는 '대학이', 목적어는 '검증은', 서술어는 '지다'이다. '검증은'의 '은'은 보조사로서, 목적격 조사를 대신한다. '검증을 지다'라는 표현은 '검증 책임을 지다'로 바꾸어야 맞기 때문에, 목적어는 '검증 책임은'이 되어야 한다.

❶ 여러분이 있었기에 저는 <u>주어진 소명을 소신껏 펼칠</u> 수 있었습니다.(정치인 인사말)

❷ 저는 여러분이 주신 <u>사명을</u> 꼭 <u>실현시켜</u> 여러분께서 주신 과분한 애정에 꼭 보답하겠습니다.(정치인 인사말)

❶, ❷도 목적어와 서술어가 호응하지 않는다. '소명을 펼치다'와 '사명을 실현시키다'가 문제이다. '소명'은 '임금이 신하를 부르는 명령' 또는 '사람이 하나님의 부름을 받는 일'을 가리킨다. 따라서 '소명을 펼치다'는 목적어와 서술어가 호응하지 않고, '소명을 받들다'로 바꾸어야 한다. '사명을 실현시키다'도 호응하지 않는 표현이다. '사명'은 '받은 명령' 또는 '주어진 명령'을 뜻하므로 '실현시키다'의 목적어로 쓰이기 어렵다. '사명'을 목적어로 취할 수 있는 타동사는 '완수하다', '다하다', '받다' 정도이다.

밑줄 친 목적어와 서술어의 호응 관계를 검토하여 그 문제점을 말해 보세요.

❶ 지역발전의 요체는 일자리와 소득을 창출하는 기업 유치에 있으므로, 기업 스스로 <u>지방입지를 선호하도록</u> 세제, 재정, 금융 지원을 신설, 강화하고 사회적 여건도 개선(정부 발표문)

❷ 이에 따라 김영호 행정안전부 제1차관은 1월 14일(수) 정부통합전산센터를 방문, 예산 조기집행 상황을 파악하고 당면한 경제 위기의 조기극복을 위한 공무원들의 적극적 <u>역할을 독려했고</u>(정부 보도 자료)

❸ 생산적인 <u>지역 발전</u>과 성숙한 <u>의정 활동</u>은 현장에서 <u>실천하겠습니다.</u>(국회의원 인사말)

❹ 여러분의 <u>희망을 실천하겠습니다.</u> 희망이 샘솟는 국회, 언제나 밝은 희망이 가득 찬 여주, 이천을 만들기 위해 노력하겠습니다.(정치인 인사말)

답

❶ '지방입지를 선호하도록'을 '지방을 선호하도록'으로 고쳐야 한다.

❷ '역할을 독려했고'를 '역할을 요구했고'로 고쳐야 한다.

❸ '지역 발전'과 '의정 활동'은 '실천'의 목적어가 될 수 없다. '지역 발전'을 취할 타동사 서술어와 '의정 활동'을 취할 타동사 서술어를 별도로 제시해야 한다.

❹ '희망을 실천하다'도 호응하지 않는다. '희망'이 '실천'의 목적어가 될 수 없기 때문이다. '희망을 실현하겠습니다'라고 하면 된다.

밑줄 친 목적어와 서술어의 호응 관계를 검토하여 문제점을 말해 보세요.

❶ 오늘 국방부와 국토해양부, 제주특별자치도는 제주해군기지를 민, 군복
합형 관광미항으로 건설하고, 이와 관련 상호 이행해야 할 사항들에 대해
<u>협약서</u>를 <u>체결하였음</u>.(정부 보도 자료)

❷ 아울러 항상 저에게 따뜻한 <u>희망</u>과 격려를 <u>보내주시는</u> 안양 시민 여러분
과 네티즌 여러분께도 감사드립니다.(정치인 인사말)

❸ 저 박종희는 그 <u>믿음과 희망</u>을 <u>지상명령으로 알고</u> 4년을 하루같이 일했
습니다.(정치인 인사말)

❹ 여러분의 <u>성원과 기대</u>를 <u>힘으로 알고</u> 그 뜨거운 함성을 느끼면서 열심히
노력하겠습니다.(정치인 인사말)

답

❶ '협약서를 체결했다'는 호응하지 않는다. '협약서'는 '체결'의 목적이 될 수
없다. '협약을 체결했다'로 고쳐야 한다.

❷ '희망'은 자신이 가지는 것이지 남이 보내 주는 것이 아니다. 남이 보내 주
는 격려를 통해서 스스로 희망을 가지는 것이다. 그러므로 '희망'과 '보내
주다'는 호응하지 않는다. '희망' 대신에 '사랑'을 쓰면 된다.

❸ '믿음과 희망'이 지상명령일 수 없다. 목적어에 맞는 서술어를 택해야
한다.

❹ '성원과 기대'를 '힘으로 알다'의 대상으로 보기 어렵다. 서술어를 다른 것
으로 바꾸어야 한다.

▎ 부사어와 서술어의 호응

부사어는 동사나 형용사를 꾸미는 말이다. 그러므로 부사어와 그 꾸밈을 받는 동사나 형용사가 서로 꾸미고 꾸밈을 받기에 적합해야 한다.

많이 방문해 주시고, 잘사는 전주, 행복한 완산이 될 수 있는 좋은 의견과 제안을 <u>아낌없이</u> <u>부탁드립니다</u>.(정치인 인사말)

위 문장에서 서술어는 동사 '부탁드립니다'이고 이것을 꾸미는 부사어는 '아낌없이'이다. 그렇다면 '아낌없이'가 '부탁드립니다'를 꾸밀 수 있을까? 결론부터 말하면 그럴 수 없다. '아낌없이'는 '아끼다'와 관련된 부사어인데, '아끼다'는 '아깝게 여기다' 또는 '소중히 여겨 함부로 사용하지 아니하다'의 뜻을 가진다. 따라서 '아낌없이'는 '아까워하지 않고'라는 뜻이다. 그렇다면 말하는 사람이 '아까워하지 않고' 무슨 부탁을 할 수 있을까? '아낌없이'는 '주다'를 꾸미는 데 사용해야 할 부사어이다. 그러니 위 문장의 밑줄 친 부분은 '아낌없이 해 주실 것을 부탁드립니다'라고 고쳐야 할 것이다.

저의 <u>홈페이지에는</u> 제가 17대 국회에서 해온 일들과 18대 국회에서 추진하고 있는 정책을 통해 어떤 노력을 하고 있는지 <u>알아보실</u>

수 있습니다.(정치인 인사말)

위 문장의 부사어 '홈페이지에는'은 서술어 '알아보실 수 있습니다'를 꾸민다고 보아야 할 것이다. 그렇다면 이 부사어가 서술어를 꾸미기에 적합한가? 역시 그렇지 않다. 무엇을 알아보거나 찾아보는 공간을 나타내려면 '어디에서'라는 부사어를 써야 한다. 그러므로 '저의 홈페이지에서는……어떤 노력을 하고 있는지 알아보실 수 있습니다'라고 해야 한다. 그렇지 않으면 '저의 홈페이지에는……어떤 노력을 하고 있는지 알아보실 수 있는 자료가 있습니다'처럼 고쳐야 한다. 아래 문장도 부사어를 잘못 써서 서술어와 호응하지 못한 문장이다.

> 헌법상의 '표현의 자유'도 중요하지만 다른 사람에게 피해를 주면서까지 마음대로 할 수 있는 것은 아니며, 또한 헌법에는 학생들이 건강하게 자랄 수 있도록 여러 가지 권리를 정하고 있음을 재미있게 알려주었다.(정부 보도 자료)

부사어 '헌법에는'과 서술어 '권리를 정하고 있음'이 호응하지 않는다. '헌법에는'을 그대로 쓰려면 서술어를 '여러 가지 권리가 정해져 있음'이라고 바꾸거나, '여러 가지 권리를 정하고 있음'을 쓰려면 부사어 '헌법에는'을 주어 '헌법은'으로 고치는 것이 적절하다. 이 문장은 아래 두 경우로 고칠 수 있다.

고친 문장 ❶ 또한 헌법에는 학생들이 건강하게 자랄 수 있도록 여러 가지 권리가 정해져 있음을 재미있게 알려 주었다. (주어 : 권리가)

고친 문장 ❷ 또한 헌법은 학생들이 건강하게 자랄 수 있도록 여러 가지 권리를 정하고 있음을 재미있게 알려 주었다. (주어 : 헌법은)

아래 밑줄 친 부사어가 수식하는 서술어가 무엇인지 밝히고 부사어와 서술어가 호응하는지 검토해 보세요.

❶ 국세청은 <u>부가가치세 신고대상사업자를 대상으로</u> 올해 1월 1일부터 3월 31일까지 발생한 매출, 매입에 대한 부가세를 오는 27일까지 신고, 납부해야 한다고 <u>밝혔다</u>.(정부 보도 자료)

❷ 우리 사회는 갈등을 푸는 <u>방법에서</u> 아직 많이 <u>서툽니다</u>. 이번 국회의 모습이나 쌍용차 사건에서 보는 바와 같이 대화와 협상, 타협보다는 폭력에 의존하는 경우가 적지 않습니다.(정치인 발표문)

❸ 지역의 <u>꿈</u>, 국가의 <u>자랑</u>, 인류의 <u>미래로</u> 우뚝 서겠습니다.(대학 총장 인사말)

❹ <u>미래</u> 한국의 발전과 인류 평화의 꿈을 실현해가는 진리의 대학으로 역사의 대학으로 세계의 대학으로 <u>영원히</u> 웅비해갈 것입니다.(대학 총장 인사말)

❺ <u>국민이 없으면 국가도 없듯</u> 오제세도 청주시민들의 열렬한 성원이 <u>아니었다면</u> 이 자리에 서지도 못했을 것입니다.(정치인 인사말)

답

❶ '부가가치세 신고대상사업자를 대상으로'가 꾸밀 수 있는 서술어는 '밝혔다'이다. 그러나 그렇게 보면 문장이 무척 어색해진다. 대개 정부가 발표하는 대상은 일반 국민이기 때문이다. 문장의 내용을 보면 '신고, 납부' 행위를 할 대상이 '부가가치세 신고대상사업자'임을 알 수 있다. 그러므로 부사어를 주어로 바꾸는 것이 좋다. '부가가치세 신고대상자는……신고, 납부해야 한다고 밝혔다'처럼 써야 한다.

❷ 서술어 '서툽니다'를 꾸밀 수 있는 부사어로 '방법에서'와 '많이' 둘 다 적절하지 않다. '서툴다('서투르다'의 준말임)'를 꾸미려면 정도를 나타내는 부사어를 써야 한다. '무척, 몹시, 매우, 아주, 조금' 같은 부사를 써야 한다. '많이'는 양을 나타내는 부사어로, 구어에서는 '많이 아프냐?'처럼 정도를 나타내는 부사어로 쓰는 사람들이 있지만 적절하지 않다. '방법에서'는 '서툽니다'와 전혀 호응하지 않는다. '갈등을 풀기에 서툽니다'나, '갈등을 푸는 일에 서툽니다'처럼 쓰면 부사어와 서술어가 호응한다.

❸ 부사어 '꿈, 자랑, 미래로'와 서술어 '서다'가 호응하지 않는다. '서다'와 호응하게 하려면 '어떤 대학으로'의 뜻을 가진 부사어를 취해야 한다. '꿈'과 '자랑'과 '미래'는 대학이 지향하는 관념적인 목표가 될 수는 있을지 몰라도 '서다'를 꾸미는 부사어로서는 적절하지 않다. 이 문장은 길어지더라도 '지역의 꿈이요 국가의 자랑인 대학, 인류의 미래를 밝혀 주는 대학으로 우뚝 서겠습니다'처럼 고쳐야 한다.

❹ '미래'가 어떤 서술어를 수식하는지 분명하지 않다. 여기서는 특별히 수식할 만한 서술어를 찾기 어렵다. 그렇다면 이를 빼는 것이 좋다. '영원히'는 '웅비하다'를 수식하고 있지만 두 단어는 잘 어울리지 않는다. '영원히'는 이미 진행한 행위나 이루어진 상태를 꾸미는 데 쓰이는데 '웅비해가다'는 미래의 이야기이기 때문이다. 그러므로 '영원히' 대신 '힘차게' 같은 부사어가 더 자연스럽다.

❺ '국민이 없으면 국가도 없듯'이 '오제세도 청주 시민들의 열렬한 성원이 아니었다면 이 자리에 서지도 못했을 것입니다'를 수식하는 부사절인데, 부사절의 '없으면 없듯'과 피수식절의 '아니었다면 서지도 못했을 것입니다'가 잘 어울리지 않는다. '청주 시민의 열렬한 성원이 없었다면 오제세도 없었을 것입니다'처럼 고치면 부사절과 피수식절이 잘 호응하게 된다.

▌ 꾸미는 말과 꾸밈을 받는 말의 호응

관형어는 명사와 대명사 등 체언을 꾸민다. 관형어와 체언이 서로 꾸미고 꾸밈을 받을 수 있도록 해야 한다.

> 저는 배를 집어삼킬 수도 있는 폭풍우도 조심해야겠지만 우리가 늘 경계하고 마음에 새겨야 할 것이 국민들이 살기 좋은 부강한 대한민국이라는 우리의 목적지와 좌표를 잃지 않는 것이라고 봅니다.(정치인 인사말)

글을 즉흥적으로 쓰면 이런 실수를 범하게 된다. 위 글은 무엇을 조심하고 무엇을 마음에 새겨야 하는지 나름대로 제시한 것인데, 마음에 새겨야 할 것으로 제시한 말을 꾸미는 관형어에 문제가 생겼다. '우리의 목적지와 좌표를 잃지 않도록' 마음에 새겨야 한다는 말에는 잘못이 없다. 욕심을 낸다면 '잃지 않도록'을 '잊지 않도록'으로 바꾸면 더 좋을 것 같다. 문제는 체언인 '목적지와 좌표'를 꾸며 주는 관형어 '국민들이 살기 좋은 부강한 대한민국이라는'이 체언과 호응하지 않는다는 것이다. '국민들이 살기 좋은 부강한 대한민국이라는 목적지'나 '국민들이 살기 좋은 부강한 대한민국이라는 좌표' 어느 것도 적절해 보이지 않는다. '대한민국을 살기 좋은 부강한 나라로 만드는 것'은 목표일 수는 있어도 '좌표'라고 말할 수 없기 때문이다.

❶ 진리의 상아탑인 일선 중학교에서 동료 여교사 간의 폭행 사건이 발생, 충격을 주고 있다.(일간 신문 기사)

❷ 높은 추력을 낼 수 있는 액체 로켓엔진은 국제적으로 기술 이전이 엄격히 금지되는 분야임.(정부 보도 자료)

❶에서는 '진리의 상아탑'과 '일선 중학교'가 어울리지 않는다. 흔히 상아탑이라고 하면 대학을 가리키지 중학교를 가리키지 않기 때문이다. **❷**에서는 '높은'과 '추력'이 어울리지 않는다. '추력'은 '물체를 운동 방향으로 밀어붙이는 힘'이므로 '높은 추력'이 아닌 '강한 추력'으로 표현해야 한다.

❸ 특히나 농어촌을 비롯한 서민 경제의 먹구름은 걷잡을 수 없이 번지고 있습니다.(정치인 인사말)

❹ 어느덧 3선 의원으로서 국회직이나 당직 등을 비롯한 중진으로서의 책임을 져야 할 위치에 서게 되었습니다.(정치인 인사말)

❸은 '농어촌을 비롯한'과 '서민 경제'는 호응하지 않는다. '농어촌을 비롯한' 뒤에는 '농어촌'과 어울릴 수 있는 지역을 나타내는 명사가 와야 한다. '농어촌을 비롯한 (부채가 많은) 지역' 또는 '농어촌을 비롯한 (고령자가 태반인) 지역'처럼 구성해야 꾸미는 말과 꾸밈을 받는 말이 호응한다. '농어민을 비롯한 서민의 경제'라고 할

수도 있다.

❹는 '국회직이나 당직 등을 비롯한'과 '중진'이 호응하지 않는
다. '국회직이나 당직 등을 비롯한' 뒤에는 그와 유사한 직책의 이
름이 와야 꾸미는 말과 꾸밈을 받는 말이 호응하게 된다. '중진'은
'중요한 자리에 있는 사람'을 가리키는 말이므로, 이 말을 꾸미려
면 그런 사람을 꾸밀 수 있는 관형어가 와야 한다. '국회직이나 당
직 등을 두루 맡은' 정도로 하면 뒤의 '중진'과 호응할 수 있다.

> ❺ 저는 16년간의 국회의원과 장관직을 수행하면서 광주 시민들로
> 부터 크나큰 은혜를 입었습니다.(정치인 인사말)

❺는 중의성을 가진 관형어 때문에 문제가 생겼다. '16년간
의'가 '국회의원'을 꾸미는지, '국회의원과 장관직'을 아울러 꾸미
는지 모호하다. 구태여 관형격 조사 '의'를 사용한 것으로 보아
'16년간의'는 '국회의원'을 꾸민다고 볼 수 있는데, 그렇다면 '16년
간의 국회의원직과 몇 년간의 장관직을 수행하면서'라고 써서 꾸
미는 말과 꾸밈을 받는 말이 명확하게 호응하게 하는 것이 좋다.
만일 국회의원과 장관을 합해서 16년간 했다면 '16년간 국회의
원직과 장관직을 수행하면서'라고 하면 된다. 이 경우에는 관형격
조사 '의'를 뺐다는 점에 유념하기 바란다. '의'를 빼면 '16년간'은
관형어가 아니라 부사어가 되어 '수행하면서'를 꾸미게 된다.

꾸미는 말과 꾸밈을 받는 말의 호응 관계를 검토하고 호응하지 않는 것은 호응하도록 바로잡으세요.

❶ 또한 우리는 <u>지역으로서의</u> <u>제주도</u>에서의 삶과 문화에 집중할 것입니다.(정치인 인사말)

❷ 지금까지 3선 의원을 하는 동안, 대한민국과 울산, 그리고 울산 북구 <u>발전의</u> <u>등불</u>이 되고자 최선의 노력을 다하여 왔습니다.(정치인 인사말)

❸ 지난 기간 저는 여러분과 함께하면서 '<u>행복</u>'이라는 <u>소중함</u>을 찾았습니다.(정치인 인사말)

❹ <u>나라와 춘천을 위한</u> <u>방향 감각</u>을 가지고 후세대에 부끄럽지 않은 자랑스러운 춘천을 여러분과 함께 만들어 가겠습니다.(정치인 인사말)

답

❶ '지역으로서의'와 '제주도'가 어울리지 않는다. '제주도'가 지역을 의미하는 명사이기 때문에 불필요한 관형어를 붙인 셈이다.

❷ '발전의'와 '등불'이 어울리지 않는다. '북구의 등불'이라는 표현은 괜찮다.

❸ '행복이라는'과 '소중함'이 어울리지 않는다. '행복의 소중함'이라고 하면 괜찮다. 다만 '행복의 소중함을 찾았습니다'라고 표현하는 것은 목적어와 서술어의 호응 문제에 걸릴 수 있다. '소중한 행복을 찾았습니다'라고 평범하게 쓰면 된다.

❹ '나라와 춘천을 위한'과 '방향 감각'이 어울리지 않는다. '나라와 춘천을 위한 사명을 가지고'라고 하면 조금 나아진다. 이 문장은 앞뒤가 호응하지 않으므로 전체적으로 다시 써야 한다.

▮ 주어와 보어의 호응

보어를 쓰는 서술어가 '되다'와 '아니다'뿐이므로 이 서술어를 쓰는 주어와 보어 사이에 호응 관계가 문제되는 경우는 별로 없다. 그러나 최근 유행하는 인사말 가운데에서 주어와 보어 사이에 호응하지 않는 것이 있어서 여기에서 문제점을 짚어 보고자 한다.

> ❶ 좋은 하루 되세요.(좋은 엄마 되세요.)
> ❷ 좋은 시간 되시기 바랍니다.(훌륭한 지도자 되시기 바랍니다.)
> ❸ 좋은 밤 되십시오.(유능한 직장인 되십시오.)

❶-❸은 우리가 일상적으로 사용하는 인사말이다. 괄호 속의 인사말이 원래의 인사말인데 '엄마', '지도자', '직장인' 대신 '하루', '시간', '밤'을 사용했다. 이 인사말에 문제가 없을까? 인사말은 화자와 청자가 대면하여 주고받기 때문에 대개 주어를 생략한다. 만일 주어를 생략하지 않고 인사를 한다면 어떻게 될까?

> ❶¹ 여러분은 좋은 하루 되세요.(산모님은 좋은 엄마 되세요.)
> ❷¹ 고객님께서 좋은 시간 되시기 바랍니다.(선생님은 훌륭한 지도자 되시기 바랍니다.)
> ❸¹ 시청자 여러분은 모두가 좋은 밤 되십시오.(여러분은 유능한 직장인 되십시오.)

여기서 주어와 보어의 불일치를 발견할 수 있을 것이다. 주어가 변하여 보어가 되는 내용이 이 문장의 기본 의미인데, '여러분 → 좋은 하루', '고객님 → 좋은 시간', '시청자 여러분 → 좋은 밤'의 변화를 상상할 수 없기 때문에 이 인사말은 어법에 맞지 않는 엉터리 인사말이 된다. 이에 비해서 괄호 속의 '산모님 → 좋은 엄마', '선생님 → 훌륭한 지도자', '여러분 → 유능한 직장인'은 충분히 상상할 수 있는 변화이므로 주어와 보어의 호응에 아무 문제가 없다. 이 문장을 어법에 맞추기 위해서 주어를 아래와 같이 바꾸면 어떨까?

❶² 오늘이 좋은 하루 되세요.
❷² 쇼핑 시간이 좋은 시간 되시기 바랍니다.
❸² 이 밤이 좋은 밤 되십시오.

이렇게 고치면 '오늘 → 좋은 하루', '쇼핑 시간 → 좋은 시간', '이 밤 → 좋은 밤'의 변화를 상상할 수 있어서 주어와 보어의 호응은 되지만, 그렇게 하면 주어와 서술어의 호응에 문제가 생기고 만다. 서술어에 사용된 '-시-'가 문제를 일으키는 것이다. '-시-'는 문장의 주어를 높이는 경우에 사용하는 선어말 어미이므로, 여기에서는 '오늘', '쇼핑 시간', '이 밤'을 높인 셈이 되어서 어법에 맞지 않는다. 이래저래 '좋은 하루 되세요', '좋은 시간 되시기 바랍니다', '좋은 밤 되십시오'는 주어와 보어의 호응이 되지 않고 어법에도 맞지 않는 인사말임을 알 수 있다. 그러면 이 인사는 어떻게 바꾸는 것이 좋을까? 우리에게 어법에 맞는 새로운 인사법이 필요하다. 대체로 인사는 서술어를 생략하는 방법으로 만들어지는데, 우리는 서술어를 과감하게 생략하는 어법을 쓰지 못했다. 서술어를 생략하면 높임법을 쓸 수 없게 되기 때문이다. 윗사람에게 아래와 같은 인사가 가능하겠는가?

❶ 안녕!
❷ 좋은 하루!
❸ 즐거운 쇼핑!
❹ 편안한 밤!

아래 문장에서 주어와 일치하지 않는 보어가 있는지 찾으세요.

❶ 또다시 5년을 방황과 혼란 속에서 보내지 않기 위한 가장 확실한 대안
과 아이디어가 있는 <u>이회창과 자유선진당이</u> 되겠습니다.(정치인 인사말)

❷ 삶의 진솔한 고백이 흐르는 <u>사랑방이</u> 되겠습니다.(정치인 인사말)

❸ 좋은 <u>화장실이</u> 되겠습니다.(지하철 화장실 게시문)

❹ 국민을 섬기고 국민에게 신뢰받는 <u>국세청이</u> 되겠습니다.(국세청 표어)

답

❶ 누가 이회창과 자유선진당이 '되는지' 보어에 호응할 주어가 제시되지 않
았다. 물론 이 경우에 주어를 제시할 수 없을 것이다. 이 문장은 구조를 바
꿔야 한다. '……대안과 아이디어를 이회창과 자유선진당이 제시하겠습
니다' 정도로 하면 문제가 사라진다.

❷ 관형어 '진솔한 고백이 흐르는'과 보어 '사랑방'이 잘 어울린다고 볼 수 없
다. 다만, 이를 '언제나 진솔한 고백을 할 수 있는'으로 이해한다면 허용할
수 있는 표현이다. 문제는 누가 그런 사랑방이 되겠다는 것인지 분명하지
않다는 점이다. 정치인이 그런 결심을 한 것이라면 '사랑방 역할을 하겠
습니다'라고 하면 좋을 것 같다.

❸ '좋은 화장실이 되는' 주체가 분명하지 않다. 설마 사람이 주체가 되지는 않을 것이다. 사람이 주체가 되게 하려면 '좋은 화장실이 되도록 노력하겠습니다.' 또는 '좋은/깨끗한 화장실을 만들겠습니다' 정도로 표현하면 된다.

❹ '국세청이 되는' 주체가 사람일 수 없다. 사람을 주체가 되게 하려면 '우리는 국세청이 국민을 섬기고 국민에게서 신뢰받는 기관이 되도록 노력하겠습니다'라고 하거나, 주어를 생략하여 '국민을 섬기고 국민에게 신뢰받는 국세청을 만들겠습니다'라고 하면 조금 괜찮아진다.

3. 논리적 호응

논리적 호응이란 이어진문장[*]에서 나타나는 현상이다. 이어진문장을 이루는 각 절節은 통사적으로나 어휘적으로는 아무 문제가 없이 호응이 되지만, 두 절 사이에서는 호응이 되지 않는 경우가 있다.

❶ 해가 <u>지고</u> 어둠이 내렸다.
❷ 동생이 <u>울며</u> 나에게 달려들었다.
❸ 대학 입학 시험에 <u>떨어졌으므로</u> 재수하게 되었다.
❹ 네가 열심히 <u>일하면</u> 승진시켜 주겠다.

위의 네 예문은 모두 호응이 잘되어 있다. ❶과 ❷는 앞뒤 절이 서로 독립적으로 연결되어 있고 두 절 사이에 아무 문제가 없다. 만일 ❶이 '해가 지고 날이 밝아졌다'라고 하면 두 절 사이에 논리적으로 호응이 되지 않았다고 말할 수 있다. 두 절은 문법적으로 아무 문제가 없으나 이것을 어미 '-고'로 연결하면 논리적

---

* 이어진문장이란 둘 이상의 절이 연결 어미로 연결된 문장을 가리키는데, 각 절이 독립적이면 독립적으로 이어진문장이라고 하고, 한 절이 다른 절에 매이면(종속되면) 종속적으로 이어진문장이라고 한다. 독립적으로 이어진문장을 만드는 데 사용되는 연결 어미에는 '-고, -며' 따위가 있고, 종속적으로 이어진문장을 만드는 데 사용되는 연결 어미에는 '-면, -므로, -니까, -아서' 따위가 있다.

으로 맞지 않게 된다. ❸은 주절과 종속절 사이에 논리적으로 문제가 없다. 만일 '떨어졌으므로 대학에 등록했다'라고 했다면 호응하지 않는다고 말할 수 있다. ❹도 호응에 문제가 없다. 조건을 제시한 종속절과 그에 따른 반대급부를 제시한 주절 사이에 호응이 잘 이루어진다. 만일 '열심히 일하면 감봉을 하겠다'라고 한다면 논리적으로 호응이 되지 않는 문장이 된다. 논리적인 호응은 앞뒤가 서로 논리적 관계 즉 선후 관계, 인과 관계, 조건이나 전제 관계로 연결되는 경우에는 자연스럽게 유지된다. 그러나 논리적 관계가 성립되지 않으면 앞뒤가 부자연스럽게 연결되어 비문이 되기 쉽다.

❺ 바람이 부니 숲속이 고요해졌다.
❻ 이번 일을 도와주면 네가 싫어질 것 같아.
❼ 가을이 되자 산은 신록으로 갈아입는다.

위 세 예문은 모두 비문이다. ❺는 바람이 불면 바람 소리 때문에 고요하던 숲속이 오히려 시끄러워지는 것이 보통이니 비논리적이다. ❻은 도와주는 사람을 싫어할 리가 없으니 비논리적이다. ❼은 가을이 되면 산의 나무들이 잎을 떨어뜨리므로 신록이 생길 리 없다.

아래 문장의 문법 요소를 분석하고 각 요소가 호응이 되도록 다시 써보세요.

사람들을 한꺼번에 불러 <u>모은</u> 것이 아니라 여건에 따라 <u>융통성 있게 모였다.</u>

답

이 문장은 대등하게 이어진문장이다. 그런데 두 각 대등절의 주어가 같지 않다. 앞의 대등절은 '불러 모은' 사람이 주어인데, 뒤의 대등절은 '융통성 있게 모인' 사람이 주어이다. 그러니까 주어가 서로 다른 대등절의 주어를 생략하여 문제가 생긴 것이다. 대등절의 주어가 다르면 주어를 붙여 주어야 한다. 주어가 생략되면 자연히 같은 주어를 가진 대등절로 인식하기 때문이다. 대등절에 맞는 주어를 붙여 주면 아래와 같은 이어진문장이 될 것이다.

<u>우리가</u> 사람들을 한꺼번에 불러 모은 것이 아니라, <u>그들이</u> 여건에 따라 융통성 있게 모였다.

이어진문장에서 대등절의 주어가 서로 다르면 그 주어를 생략할 수 없다는 점을 명심하자.

아래 문장의 문법 요소를 분석하고 각 요소가 호응이 되도록 다시 써보세요.

연구원에 <u>오시면</u> <u>열람과 복사가 가능합니다</u>.

답

위 문장을 분석하면 아래와 같다.

주어   생략
서술어[1] 오시면
서술어[2] 열람과 복사가 가능합니다

서술어[1]은 동사로 되어 있는 데에 비해서 서술어[2]는 서술절로 이루어졌다. 그리고 서술어[1]은 주어의 능동적인 동작을 나타내는 능동사인데 서술어[2]는 주어의 능동적인 동작이 아니다. 조건에 대한 행동이 피동인 것은 적절하지 않기 때문에 이어진문장이 호응이 되지 않고 있다. 고친 문장 ❶처럼 바꾸거나, 고친 문장 ❷처럼 줄여서 쓰는 것이 좋겠다.

고친 문장 ❶ 연구원에 오시면 열람과 복사를 하실 수 있습니다.
고친 문장 ❷ 연구원에서 열람, 복사 가능.

아래 문장에서 밑줄 친 부분을 논리적 호응이 되도록 고쳐 보세요.

<u>행복을 추구하는 나의 미완성 교향곡은 팔십을 바라보는 이 나이에 이제</u>
<u>부터 시작해서 대학, 대학원, 박사코스까지 마칠 작정이다.</u> 학위 따윈 바
라지 않는다. 그만한 실력을 갖추면 그만이다.(홍석우, 「간증 Ⅱ」에서, 『키움 수
필집』)

답

행복을 추구하는 필자가 그럴 실력을 갖추기 위해서 대학, 대학원 과정을 밟
으려 하고 있음을 알 수 있다. 그리고 그런 과정을 밟더라도 학위를 받는 데
연연하지 않겠다는 뜻도 드러났다. 이런 과정을 밟는 중에 죽더라도 상관하
지 않겠다고 생각한다. 그래서 그는 자신의 삶을 '미완성 교향곡'이라고 부른
다. 나는 이런 의미로 이 글을 받아들였지만, 실제 문장은 이런 의미를 나타
내기에는 많이 어지럽다. 문장과 문장, 성분과 성분이 서로 호응하지 않고 아
무렇게나 제시되어 있기 때문이다. 각 성분이 인과 관계를 유지하도록 고치
면 논리적 호응이 된다.

고친 문장 팔십을 바라보는 이 나이에 <u>나는</u> 이제부터 시작해서 대학, 대학
원, 박사 코스까지 <u>마칠 작정이다.</u> 행복해진다면 삶이 미완성 교향곡이 되
어도 좋다. 학위 따윈 바라지 않는다. 그만한 실력을 갖추면 그만이다.

아래 이어진문장에서 논리적 호응을 따져 보고 잘못이 있으면 바로잡으세요.

❶ 그에 이어서 여당 대선 후보 경선전이 <u>시작되고</u> 곧 대통령 <u>선거다</u>.(신문 사설)

❷ 땀 <u>흘리며</u> 소박한 분들이 <u>계셔서</u> 나왔습니다.(정치인 인사말)

❸ 이희호 여사는 여성 운동의 선구자이기도 하고 김 전 대통령과는 민주화 운동 <u>동지이기도 한데</u>, 김 전 대통령과의 60여 년 인연을 정리한 자서전 『동행』이 지난해 연말에 <u>출간된 바 있다</u>.(일간 신문 기사)

답

❶ 연결 어미 '-고'로 연결되어 있으므로 두 절이 독립적으로 연결되었다고 볼 수 있다. '대선 후보 경선이 시작되다'와 '대통령 선거다'를 '-고'로 연결한 것이다. 동작 문장과 '이다' 서술어 문장을 대등하게 연결한 것이다. 이는 문장 구성이 대등하지 않다. 따라서 서술어를 '경선전이고', '대통령 선거다'로 하여 연결하거나, '경선전이 시작되고'와 '대통령 선거가 있다'처럼 서술어를 바꿔야 한다.

❷ 연결 어미 '-며(흘리며)'와 '-어서(계셔서)'를 사용해서 두 겹의 이어진문장을 만들었다. 앞의 연결은 '땀 흘리며 소박한'으로 연결되어 동사와 형용사를 연결한 것이므로 어울리지 않는다. '근면하며 소박한'으로 하면 어울

린다고 볼 수 있다. 뒤의 연결은 종속적으로 이어진문장이다. '소박한 분들이 계셔서 나왔습니다'에는 논리적으로 어울리지 않는 점이 있다. '(지역구에) 소박한 분들이 있는 것'과 '(자신이 국회의원 선거에) 나온 것' 사이에 논리적 인과 관계가 있다고 말할 수 없기 때문이다.

❸ 독립적으로 이어진문장이다. 독립적으로 이어진문장이라고 해도 두 절이 서로 상관관계를 가져야 겹문장으로 이을 수 있다. 앞 절은 '이희호 여사'가 어떤 사람인지 설명한 부분이고, 뒤 절은 『동행』이라는 책이 출간되었다는 사실을 말한 것이어서 두 절 사이에 연결의 맥락을 찾기 어렵다. 뒤 절을 '『동행』을 출간한 바 있다'라고 하면 앞뒤 절이 '이희호 여사'에 대한 이야기라는 공통점을 가질 수 있게 된다.

아래 이어진문장에서 논리적 호응을 따져 보고 잘못이 있으면 바로잡으
세요.

❶ 거센 바람과 거친 파도를 헤쳐 이 위기를 기회로 만듭시다.(대통령 신년사)
❷ 꿈만으로 행복한 삶을 살아갈 수 있다면 이 얼마나 아름다운 세상입니
까?(정치인 인사말)
❸ 앞으로 저의 홈페이지를 자주 방문해 주시고 아낌없는 격려와 매서운 질
책 함께 부탁드립니다.(정치인 인사말)

답

❶ 종속절과 주절이 논리적으로 호응하지 않는다. '거친 파도를 헤치다'와
'이 위기를 기회로 만들다'는 인과 관계로 엮기 어렵기 때문이다. 종속절
이 주절의 방법이나 수단을 나타내게 하려면 주절에 그로 인해 나타나는
결과(목표)가 제시되어야 한다. '거센 바람과 거친 파도를 헤쳐, 올해를 도
약의 해가 되도록 합시다' 같은 내용이 될 것이다. 종속절에서 어려운 여
건을 제시하는 방식을 취하려면 '거센 바람과 거친 파도가 몰아치고 있지
만, 이 위기를 오히려 기회로 만듭시다'라고 하면 된다.
❷ '-다면'으로 연결된 이어진문장이다. 종속절의 주어와 주절의 주어가 다
른데 무리하게 주어를 생략해서 두 절이 호응하지 않게 연결되었다. 종속
절은 주어 '사람들이'나 '누구나'가 생략된 것으로 볼 수 있다. 이에 맞추어

주절의 생략된 주어는 '세상이'로 볼 수 있을 것이다. 즉 '……삶을 살아 갈 수 있다면, 세상이 얼마나 아름답겠습니까?'로 연결되는 것이 자연스럽다.

❸ 독립적으로 연결된 두 절의 서술어가 서로 호응하지 않는다. 종속절의 서술어는 듣는 사람(상대)이 하는 행위이고, 주절의 서술어는 말하는 사람이 하는 행위이다. '자주 방문해 주시고'는 상대의 행위이고, '아낌없는 격려와 매서운 질책 함께 부탁드립니다'는 말하는 사람의 말이다. 두 절의 주어를 모두 한결같이 상대의 행위로 고치면 '자주 방문해 주시고, 아낌없이 격려해 주시고, 매섭게 질책해 주십시오'라고 하면 된다. 이 문장을 '나' 중심으로 바꾸면 '자주 방문해 주실 것을 부탁드리며'로 바꾸면 된다.

아래 이어진문장에서 논리적 호응을 따져 보고 잘못이 있으면 바로잡으세요.

❶ 정치는 <u>없고</u> 정쟁만 <u>일삼는</u> 요즘 정치 현실에 대해 얼마나 <u>우려와 걱정이</u> 크십니까?(정치인 인사말)

❷ 내가 하늘에서 내려온 <u>것은</u> 내 뜻이 아니라 나를 보내신 <u>하나님의 뜻을</u> <u>이루려는 것이기 때문이다.</u>(우리말성경, 「요한복음」, 6장 38절)

❸ 정부조직 개편으로 독립기구였던 국가청소년위원회가 <u>사라졌으며</u> 누군가 국회에서 청소년 정책을 <u>챙겨야 하지 않을까</u> 생각하면서도 솔직히 망설였습니다.(정치인 인사말)

답

❶ 형용사와 동사가 어미 '-고'로 이어져 있다. "형용사+'-고'+형용사"의 형태를 취하든지, "동사+'-고'+동사"의 형태를 취하게 해야 한다. '정치는 없고 정쟁만 있는'이라고 하거나, '정치는 하지 않고 정쟁만 일삼는'처럼 고치는 것이 좋다. 또한 '정치 현실에 대해 우려와 걱정이 크다'도 논리적으로 호응하지 않는다. '정치 현실 때문에 우려와 걱정이 크다'로 고치는 것이 좋다.

❷ '내려온 것은'과 '이루려는 것이기 때문이다'가 논리적으로 어울리지 않는다. 내려온 이유를 대려면 '하나님의 뜻을 이루기 위함이다'처럼 문장을 구성해야 한다.

❸ '사라졌으며'처럼 독립적으로 이어진문장을 구성한 것은 비논리적이다. '누군가 국회에서 청소년 정책을 챙겨야 하지 않을까 생각'한 이유가 국가청소년위원회가 '사라졌'기 때문이므로 인과 관계를 드러내는 종속적으로 이어진문장을 만들어야 한다. '사라졌으며'를 '사라졌기 때문에' 또는 '사라져서' 정도로 바꾸어야 한다.

❚ 문장의 논리적 연결, 문장론

이제까지 이야기한 호응은 한 문장 안에서 쓰인 문법 요소 사이의 호응 관계를 설명한 것이다. 그런데 논리적 호응의 경우에는 문장과 문장 사이에서도 논의될 수 있다. 글이나 말이란 일정한 흐름을 가지고 주제를 완성해 가는 것이므로, 그런 일정한 흐름과 배치되는 경우에 논리적 호응이 안 되었다고 할 수 있기 때문이다. 물론 문장과 문장 사이에서 논의되는 호응은 문법론보다는 문장론의 대상이 되지만, 잠시 언급하고자 한다.

문장 사이의 논리적 호응의 문제는 주로 주장이나 묘사의 일관성 결여나 불일치에서 나타난다. 앞에서는 동쪽으로 가야 한다고 했다가 뒤에서는 서쪽으로 가야 한다고 말하거나, 앞에서는 이것이 옳다고 주장하다가 뒤에서는 저것이 옳다고 주장하는 경우가 대표적인 예이다. 아래 글을 보면 문장과 문장 사이에서 어떻게 논리적으로 모순이 일어나는지 알게 될 것이다.

> 3월 22일 밤이었다. 예보대로 비가 내리기 시작했다. 비는 23일 오전까지 계속됐다. 가뭄을 완전 해결하기는 부족할 것 같다. 갈증에 시달리던 마늘과 양파도 어느 정도는 해갈된 것 같다.(정영효, '농가 월령가를 읊으며'에서, 「글쓰기신문」, 2003. 3.)

위의 글은 글쓴이가 비 오는 날을 기다려 감자를 심었는데 마침 비가 내린 이야기를 쓴 것이므로, 밑줄 친 부분의 전개에 조금 무리가 생겼다. 비가 가뭄을 해결하기에는 부족하게 내렸다는 점과 가뭄에 시달리던 마늘과 양파는 어느 정도 해갈된 점을 이어 놓아서 앞에서는 비가 부족하게 내렸다고 했는데 뒤에는 마늘과 양파도 어느 정도 해갈되었다고 함으로써 논리적으로 서로 충돌하는 표현을 쓴 것이다. 글쓴이의 뜻이 잘 반영되도록 흡족하지는 않았지만 그럭저럭 괜찮은 양이 내렸음을 표현하도록 논리를 구성해야 할 것이다.

> **고친 문장** 3월 22일 밤이었다. 예보대로 비가 내리기 시작했다. 비는 23일 오전까지 계속됐다. <u>가뭄을 완전 해결하기는 부족할 것 같다. 그래도 갈증에 시달리던 마늘과 양파는 어느 정도 해갈될 것 같다.</u>

아래 글도 찬찬히 살펴보면 앞뒤 문장 사이에 논리적 연결이 느슨한 것을 알 수 있다.

> 그는 오늘 북악산과 인왕산 트레킹을 앞두고 어제 무척─자기가 생각해도─기특한 생각을 하고 지금 벌써 그것 때문에 마음이 설레고 있다. 그것은 오늘 동우회 사람들과의 산행이 끝난 후에 혼자서 이태준 작가가 살았다는 '수연산방'을 찾기로 한 것이다. 그는

지금까지 혼자 극장을 간 적도 없었고, 더구나 이런 곳은 더더욱 혼자 간 적이 없었다. 그건 '내가 그렇게 한가한 사람이 아니다'라는 자존심 때문이었는지, 혹 그런 곳에 혼자 갔다가 아는 사람이라도 만날 당혹스러운 상황이 싫어서인지 그도 그의 생각을 잘 모른다.(안무길, '어느 은퇴자의 하루'에서, 「글쓰기신문」 2002.5.)

위 글에는 논리적 연결이 필요한 경우가 두 번 나타난다. 하나는 마음이 설레는 이유를 제시하는 것, 다른 하나는 혼자 극장에 가거나 수연산방 같은 곳에 가는 것이 자존심과 연결될 만한 합리적인 이유를 제시하는 것이다. 거칠게 보면 이제까지 혼자 이런 곳에 간 적이 없는데 오늘 혼자 이태준 작가의 수연산방을 방문하려 하니 설렌다는 뜻을 나타냈다. 글쓴이의 설렘이 독자에게 전달되려면 좀더 설득력 있는 설명이 필요하다. 아래와 같이 고치면 좀 나을 것 같다.

고친 문장 그는 오늘 북악산과 인왕산 트레킹을 앞두고 마음이 설레고 있다. 오늘 동우회 사람들과의 산행이 끝난 후에 혼자서, 그가 감명 깊게 읽은 『문장강화』의 저자 이태준이 살았던 '수연산방'을 찾기로 했기 때문이다. 혼자서는 좀처럼 이런 곳을 찾아다니지 않던 그가 아닌가.

▎ 논리와 궤변

문장의 논리적 연결에서 우리가 조심해야 할 것은 궤변을 논리로 착각하는 것이다. 궤변의 사전적 의미는 "상대편을 이론으로 이기기 위하여 상대편의 사고를 혼란시키거나 감정을 격앙시켜 거짓을 참인 것처럼 꾸며 대는 논법"이다. 물론 궤변에도 그 나름의 논리는 있다. 다만 그 논리가 정상적인 논리가 아니라 아전인수격 또는 견강부회격 억지 논리일 뿐이다. 문제는 궤변의 논리가 교묘하여 일반 사람은 대단한 논리로 받아들이기 쉽다는 점이다. 따라서 우리는 궤변과 논리를 구별하는 능력을 갖춰야 한다.

고대 그리스에서 있었던 궤변 중 하나로 "날아가는 화살은 날지 않는다"라는 것이 있다. 또, "토끼는 결코 앞서가는 거북이를 따라잡을 수 없다"라는 궤변도 있다. 궤변은 어느 한 부분의 사실을 전체로 확대 적용하여 감쪽같이 속이는 방법을 쓰는 것이 보통이다. 날아가는 화살을 어느 지점에서 보면 정지 상태로 보인다. 따라서 날아가는 화살은 날지 않는다고 강변할 수 있게 된다. 토끼가 앞에 가는 거북이의 자리에 오면 거북이는 이미 그 앞으로 얼마 정도 전진해 있을 것이다. 그렇다면 아무리 토끼가 거북이에게 가까이 가도 거북이는 그보다 조금 더 앞에 있을 테니 토끼는 거북이를 따라잡을 수 없다는 논리가 가능해진다. 이처럼 교묘한 논리를 개발하여 사람을 속임으로써 자신의 이익을 취하는 궤변가들을 오늘날 한국에서도 수없이 볼 수 있다. 대표적인 궤변은 이런 것이다.

❶ 일제 강점기에 일본의 한국 지배로 한국의 경제 사정이 나아졌다.

❷ 국민의 자유를 지키기 위해서 정부가 언론을 장악해야 한다.

❶이 궤변인 이유는 일제 강점기가 일본인의 압제로 인하여 많은 한국인이 고통을 당하던 시기였기 때문이다. 이 시기에 한국의 경제 사정이 나아졌다고 말하는 것은 매우 부적절하다. 이 시기에 일본의 앞잡이로 활동했던 친일파나 일본 통치의 수단으로 쓰였던 경찰, 공무원 또는 그 심부름꾼으로 일하던 한국인의 경제 사정은 퍽 나아졌지만, 일부 사람들의 경제 사정이 나아진 것을 한국인 전체로 확대하여 주장하는 것은 궤변이 되기에 충분하다.

❷를 살펴보자. 정권이 언론을 장악하면 표현의 자유를 포함하여 국민의 자유가 억압될 소지가 충분하다. 따라서 국민의 자유를 지키기 위해서 언론을 장악한다는 생각은 궤변일 뿐이다. 이 경우에도 언론을 장악한 정치 권력의 자유 또는 그들과 뜻을 같이하는 사악한 사람들의 자유는 무척 광범위하게 보장되겠지만, 일반인의 자유는 상대적으로 위축되는 것이 당연하다. 그러므로 이 문장의 논리는 궤변에 지나지 않는다.

아래 글은 문장 단위로 논리가 전개되어 있는데, 이 논리가 정상적인지 궤변인지 검토해 보자.

아! 우리 2,000만 국민의 머릿속에 충만된 조국 정신을 떨쳐내어 큰 소리로 외쳐서 지금 일본의 여론이 주창하는 근본적으로 해결해야 할 문제에 대하여 그 파란을 안정시키면서 우리 황제 폐하와 일본 천황 폐하가 하늘까지 통할 하나로 뭉친 정성으로 애달프게 호소하여 우리 황실을 만대에 높일 수 있는 기초를 공고히 하고 우리 백성들에게 일등 대우의 복리를 누리게 하며 정부와 사회가 더욱더 발전하게 할 것을 주창하여 일대 정치적 기관機關을 이룩하도록 하는 것이 곧 우리 대한을 보호하는 것이다.

죽으려야 죽을 수 없는 우리 2,000만 국민은 노예의 멸시에서 벗어나고 희생의 고통을 면하여 동등한 대열에 서서 완전히 새롭게 소생하여 앞을 향하여 전진해보고 실력을 양성한다면 앞날의 쾌락을 누리고 뒷날의 살 길을 찾을 수 있을 것은 확연 명료하다. 아! 오늘 만 번의 죽을 고비를 넘어 한 번 살아날 길을 애달프게 호소하는 것은 단군으로부터 4,000년의 역사와 태조가 500년 왕업을 창시한 큰 터전인 종묘사직을 길이 편안하게 하고 신성한 민족을 편안케 하려는 하나의 양심에서 우러나온 것이다. 만약에 이 기회를 이용하지 않으면 하늘의 신령이 반드시 죄를 주리라. 우리 2,000만 국민에게 맹세를 다지며 이 뜻을 성명한다.(이용구, 일한합방성명서)

이 글은 1909년 12월 4일(순종 2년)에 일진회장 이용구가 일
진회원 100만 명의 서명을 받아 발표한 '일한합방성명서'의 마
지막 부분을 현대어로 바꾼 것이다. 이용구는 이 성명서를 공개
적으로 내외에 발표했다. 우리는 이용구가 나라를 일본에 팔아
일신의 영달을 얻으려고 어떤 궤변을 동원했는지 알 필요가 있
다. 왜냐하면 이와 비슷한 논리가 요즘도 친일파로 불리는 정치
인, 종교인, 학자들 사이에 무시할 수 없을 정도로 확산되어 있기
때문이다. 여러분이 직접 이용구의 궤변을 깨뜨려 보기 바란다.

4. 어휘적 호응과 제약 : 어휘들도 서로 사랑을 한다?

어휘들도 서로 사랑하고, 어떤 어휘는 부부처럼 한 짝이 되어서
움직이기도 한다. 어휘 사이의 이런 관계를 어휘적 호응이라고
한다. 어휘적 호응을 지키지 않는 것은 마치 갓을 쓰고 양복을
입은 것처럼 쉽게 드러난다. 따라서 어휘적 호응은 한국인이라
면 자연스럽게 익히게 되기 때문에 틀리는 사람이 별로 없다. 아
래의 문장을 보자.

> ❶ 아이가 <u>코를 누고</u> <u>똥을 풀었다</u>.
> ❷ 호주머니에 <u>손을 담아</u> <u>돈을 잡아냈다</u>.

누구나 이 문장을 보고 잘못된 문장이라고 생각하며 잘못된 점을 쉽게 지적할 수 있을 것이다. '코'는 푼다고 하지 눈다고 하지 않으며, '똥'은 눈다고 하지 푼다고 하지 않는다. 그리고 '호주머니'에 '손'을 넣는다고 하지 담는다고 하지 않으며, '돈'을 꺼낸다고 하지 잡아낸다고 하지 않음을 누구나 잘 알고 있다. '코'와 '풀다', '똥'과 '누다'는 서로 상대를 필요로 하고 다른 어휘가 오면 싫어한다. 문법적으로는 아무 문제가 없지만 어휘적으로 호응이 되지 않으면 한국어가 아니다. 어휘적 호응에는 '꿈을 꾼다, 춤을 춘다, 잠을 잔다, 물음을 묻다, 그림을 그리다, 웃음을 웃다, 금을 긋다, 짐을 지다, 임을 이다, 뜀을 뛰다, 뜸을 뜨다, 숨을 쉬다, 신을 신다' 같은 동족 목적어와 동사 사이의 호응이 있고, '그네를 뛰다, 냄새를 맡다, 코를 곤다, 코를 풀었다, 침을 뱉다' 같은 일반적인 목적어와 동사 사이의 호응도 있다. 또 '배가 고프다, 오줌이 마렵다, 목이 마르다, 눈이 멀다, 귀가 먹다'처럼 주어와 서술어가 호응되는 경우도 있다. 정도의 차이는 있지만 대부분의 어휘가 다른 어휘를 취할 경우에 일정한 제약을 받는다. 어휘들 사이에 존재하는 제약 관계를 제대로 인식하는 데에는 그 어휘들을 사용한 경험이 중요하다. 물론 그 경험은 우수한 한국어 화자가 한국어를 사용하는 것을 듣고 본 경험을 말한다. 이런 경험이 적은 사람은 아무래도 한국어다운 한국어를 구사하기 어렵다.

목이 말랐다. 허기가 졌다. 구멍가게로 들어가 우유 한 봉지를 사서 <u>목마름과 허기를 메웠다.</u>(한승원, 「검은댕기두루미」에서)

　　이 글은 주인공이 우유를 마심으로써 목마름과 허기虛飢를 동시에 해결했다는 의미이다. 그런데 '목마름'과 '허기'가 '메우다'의 목적어로 사용됨으로써 목적어와 서술어의 호응이 제대로 되지 않았다. '목마름'과 '허기'의 서술어가 될 수 있는 좋은 동사를 찾지 못한 탓이다. '목마름'은 '해결하다', '풀다', '달래다' 등과 어울릴 수 있으며, '허기'는 '면하다', '달래다', '해결하다' 등과 어울릴 수 있다. 따라서 이 두 명사를 목적어로 취할 수 있는 동사는 '달래다'나 '해결하다' 정도가 될 것이다. '메우다'와 어울릴 수 있는 목적어는 주로 '틈', '구덩이', '빈자리', '부족한 부분' 등 공간을 가진 명사에 한정된다.*

▌의미상의 제약 관계

단어의 의미에 따라서 다른 어휘나 표현과 어울리지 못하는 경우가 있다. 다음 문장은 한자어의 개념을 정확하게 인식하지 않고 사용하여 의미적으로 모순된 결과를 가져온 예이다.

---

* 문인들은 어휘를 새롭게 해석하여 의미나 용법을 확장할 수 있는 특권을 가진 사람들이라고 할 수 있다. 그러나 그들도 먼저 어휘를 정확하게 사용하는 능력을 갖춘 상태에서 의미나 용법의 확장을 꾀해야 언중이 그들의 예술적 노력을 수용할 수 있게 된다.

❶ 불과 몇 달 만에 180만 명이라는 <u>실업자가</u> 무더기로 <u>직장을 잃었다</u>.

❷ 계약 체결 <u>여부</u>에 따라서 회사가 <u>살아날 수도 있다</u>.

❶은 '실업자가 직장을 잃었다'에서 어휘 선택을 잘못한 경우이다. 실업자는 이미 직장을 잃은 사람을 나타내는 단어이다. 따라서 그런 사람들이 직장을 잃을 수는 없다. 이 문장은 '실업자가 무더기로 생겼다' 또는 '근로자가 무더기로 실직했다'처럼 바꾸어야 할 것이다.

❷는 '여부'와 '살아날 수도 있다'가 호응되지 않는 경우이다. '여부'는 긍정과 부정을 모두 포함하는 어휘이다. 따라서 계약 체결 여부란 '계약이 체결되거나 안 되거나'를 아우르는 말이다. 이 문장의 의미는 '계약이 체결되면 회사가 살아날 수도 있다'의 뜻일 것이다. '여부'를 살리고 싶다면 '살아날 수도 있고 죽을 수도 있다'처럼 고쳐 '여부'와 호응되도록 해야 한다.˙

• 한자어와 관련해서 우리가 조심해야 할 것이 두 가지 있다. 하나는 한자어를 이루는 개별 한자의 의미를 정확하게 인식하지 못해서 생기는 중복 표현의 오류인데, 언어생활에서 흔히 나타나는 '제공해 주어야 한다', '부여해 주기로 했다', '부담을 진다', '함께 동행했다', '사랑하는 애인과 아름다운 미인을 위한 콘서트' 등과 같은 것이 대표적이다. 다른 하나는 아예 한자어의 의미와 관계없이 감각적으로 어휘를 사용하여 틀리는 경우인데, '원서를 접수(接受)하러 간다', '전문가에게 자문(諮問)을 구했다', '김동리 선생께 사사(師事)했다', '이를 어긴 사람에게 벌금을 수수한다' 등이 그 예이다. 이런 잘못을 하지 않으려면 '접수, 자문, 사사, 수수' 같은 단어의 정확한 사용법을 익혀야 한다.

▌부사어의 제약 관계

부사어는 동사나 형용사를 꾸미는 말이다. 따라서 일반적으로 말한다면 어떤 부사든지 동사나 형용사를 꾸미는 데에는 특별한 제약이 없어야 할 것이다. 예컨대 부사 '잘'은 '살다, 죽다, 먹다, 치다, 싸우다, 돕다, 생각하다, 있다' 등 대부분의 동사를 수식할 수 있다. 따라서 제약이 거의 없는 것처럼 보인다. 그러나 잘잘못을 가릴 가치가 없는 동사에는 잘 어울리지 않는다. 예를 들면 '네가 성공하기를 잘 바란다'라는 말은 성립하지 않는다.

매우 특수한 경우지만, 어떤 부사는 동사나 형용사를 특별히 가리기도 한다. 어떤 부사는 긍정하는 서술어를 고집하거나(예컨대 '반드시', '꼭', '겨우', '제법' 따위), 부정하는 서술어를 고집하기도 하고(예컨대 '도무지', '전혀', '절대로', '결단코', '좀처럼' 따위), 어떤 부사는 의문형 서술어를 고집하기도 한다(예컨대 '언제', '왜', '어떻게' 따위). 아래 예문을 보자.

❶ 우리는 그 행사에 절대로 참여하기로 했다.

❷ 나는 그에 관해서 전혀 아는 바가 없다.

❸ 우리는 오래 전부터 전혀 농사만 지어 왔다.

❶의 '절대로'는 부정의 서술어와 어울린다. 따라서 '절대로 참여하지 않기로 했다'처럼 부정 어법과 함께 써야 한다. 긍정 어

법에 쓰이는 부사로는 '반드시'나 '꼭'을 쓰면 된다.

❷의 '전혀全혀'는 '완전히', '아주'의 뜻을 가지는 부사로서, 부정 어법에 사용된다. 따라서 '전혀 아는 바가 없다'라고 한 것은 맞는 표현이다.

❸의 '전혀專혀'는 '오로지'의 뜻을 가지는 부사로서, 긍정 어법에 사용된다. 따라서 '전혀 농사만 지어 왔다'라고 한 표현은 적절하다. 한글로 '전혀'라고 쓴 경우에 그것이 '全혀'인지 '專혀'인지 구별되지 않기 때문에 혼란을 겪을 수 있을 것이다. 두 단어 모두 알아 두는 것이 좋겠다.

> ❹ 군인은 모름지기 전쟁에서 물러서지 말아야 한다.
> ❺ 이 문제는 여간 어렵지 않다.
> ❻ 우리는 승리를 결코 양보하지 않겠다.
> ❼ 아이들로 하여금 빨리 빠져나가게 하라.
> ❽ 이제 바야흐로 달이 뜨려 한다.
> ❾ 남쪽이 이렇게 춥거늘 하물며 북쪽이랴.

❹는 부사어 '모름지기'와 '-아야 한다'가 호응되고, ❺는 '여간'과 '않다'가 호응되며, ❻은 '결코'와 '않겠다'가 호응된다. ❼에서는 '하여금'이 앞뒤의 조사 및 어미와 호응되어야 한다. '로 하여금 -게 하다'의 형식을 취해야 한다. ❽은 '바야흐로'가 '-려 하

다'와 호응이 되며, ❾는 '하물며'가 앞의 어미 '-거늘'과 뒤의 조사 '이랴'와 호응이 된다.

부사어는 서술어뿐 아니라 주어나 목적어와도 호응을 해야 하는 경우가 있다. 아래 문장을 보면서 부사 '함께'가 어떤 성분과 호응되는지 살펴보기 바란다.

> 정부는 '비상 경제 시국'이라는 인식으로 국민의 안전과 함께 여기 계신 여러분들의 생업에 지장이 없도록 경제 활력을 되살리는 데 전력을 다할 것입니다.(정부 발표문)

부사 '함께'는 '국민의 안전'에 대응할 만한 다른 어구를 연결하거나 수식해야 한다. 이 문장에서는 '경제 활력을 되살리는 일'이 '국민의 안전'과 대응할 만한 어구로 보인다. 즉, '국민의 안전과 함께 경제 활력을 되살리는 일에'로 연결할 수 있다. 이 경우에는 '함께'를 쓰지 않아도 문제될 것이 없다.

> **고친 문장** 정부는 '비상 경제 시국'이라는 인식으로 국민의 안전과 함께 경제 활력 되살리기에 전력을 다할 것입니다.

▌관용어와 속담 속의 어휘적 호응

관용어란 어떤 어휘들을 사용하여 특정한 의미를 나타내는 어구이다. 사람들이 어떤 특정한 의미를 나타내기 위해서 어휘를 조금 특별히 사용하여 만든 어구라고 할 수 있다.

❶ 사람들은 그를 대표로 뽑아야 한다고 입을 모았다.

❷ 우리는 그와 담을 쌓고 산다.

❸ 그날 이후에 그는 발그림자도 안 했다.

❶의 '입을 모았다'는 '한결같이 말했다'의 뜻으로 쓴 말이고, ❷의 '담을 쌓고'는 '관계를 끊고'의 의미를 나타내는 말이며, ❸의 '발그림자도 안 했다'는 '전혀 찾아오지 않았다'를 뜻하는 말이다. 이렇게 관용어로 굳어진 경우에는 반드시 그 어휘를 써야 그런 특별한 의미를 나타낼 수 있다. 만일 '입을 모았다' 대신에 '입을 합했다'라고 하거나, '담을 쌓고' 대신에 '울타리를 쌓고'라고 하거나, '발그림자도 안 했다' 대신에 '손그림자도 안 했다'라고 하면 본래의 뜻이 명확하게 드러나지 않는다.

관용구나 속담, 격언으로 굳어진 어구나 어절은 그것이 의미하는 것과 호응이 되는 어휘를 사용해야 제격이 된다. 아래의 경우를 생각해 보자.

❹ 그는 손이 발이 되도록 빌었다.

❺ 낫 놓고 기억 자도 모를 정도로 무식한 사람이야.

❻ 그가 너를 입에 침이 마르도록 칭찬하더라.

❹에 쓰인 '손이 발이 되도록'은 비는 행위를 나타낼 때에 쓰는 관용구이고, **❺**의 '낫 놓고 기역 자도 모를'은 무식한 사람을 나타내기 위해서 쓰는 관용구이며, **❻**의 '입에 침이 마르도록'은 칭찬할 때에 쓰는 관용구이다. 따라서 이들은 '빌다', '무식하다', '칭찬하다' 같은 지정된 어휘를 필요로 한다. 아래의 예문처럼 지정된 어휘와 다른 어휘를 쓰게 되면 어휘적 호응이 되지 않는다.

❹¹ 그는 손이 발이 되도록 자랑했다.
❺¹ 낫 놓고 기역 자도 모를 정도로 무기력한 사람이야.
❻¹ 그가 너를 입에 침이 마르도록 비난하더라.

이렇게 되면 '자랑했다', '무기력한', '비난하더라'는 그 앞의 관용구와 전혀 호응이 되지 않아 무슨 말인지 이해할 수 없게 된다. 따라서 관용어는 관용어에 사용된 어휘를 바꾸지 말아야 하고, 관용구는 그것과 호응이 되는 어휘와 함께 써야 제격이다.

밑줄 친 부분을 유심히 살피면서 더 한국어다운 한국어를 생각해 보세요.

여자라고 김치 <u>만들고</u> 밥 <u>만드는</u> 일만 하라는 법이 어디 있어요. 남자는 앉아서 술이나 담배만 <u>먹으면서</u>.

이 사람은 김치와 밥을 '만드는' 것으로 말하고, 술과 담배를 '먹는' 것으로 보았습니다. 한국어다운 한국어로 이것들을 바꾼다면 어떻게 될까요?

김치는 담그고, 밥은 짓고, 술은 마시고, 담배는 피운다.

이것은 김치, 밥, 술, 담배가 아무 동사나 오지 못하도록 제약하고 있다는 말이다. 따라서 김치, 밥, 술, 담배가 원하는 동사를 사용해야 한다. 어휘끼리 서로 원하는 어휘를 사용하는 것이 바로 어휘적 호응이다. 문제의 '김치 만들고 밥 만드는'에서 김치와 밥을 만든다고 한 것은 어휘적으로는 별로 문제가 없다. 담그는 것이나 짓는 것도 넓게 보면 만드는 행위에 속하기 때문이다. 그러나 더 한국어다운 표현을 쓰려면 겨우 의미만 통하는 어휘를 쓰기보다는 의미와 상황에 가장 알맞은 어휘를 찾아서 사용해야 한다.

아래 글의 밑줄 친 부분은 앞의 부사어와 호응이 되지 않습니다. 왜 호응이 되지 않는지 검토하고 어떤 부사어로 바꾸면 될지 생각해 보세요.

> 이 지역은 <u>기존에</u> 은행나무림으로써 일부 존치 및 이식하여 활용한 장소입니다.(서울숲 해설 안내문)

답

부사어 '기존에'가 수식하는 서술어가 제시되지 않았다. '전에 은행나무림 지역이었던 것을'로 서술어를 제시해 주면 된다.

> 고친 문장 이 숲은 전에 은행나무림 지역이었던 것을 일부는 과거의 숲을 존치하고 일부는 다른 지역에서 나무를 이식하여 조성한 것입니다.

아래 글의 밑줄 친 부분을 보면서 조화를 이루지 못한 요소를 찾아서 바꾸어 보세요.

> 사람들은 하고많은 이별을 생각해 보는 것이다. 흉년에 초근목피를 감당하지 못하고 죽어 간 <u>늙은 부모</u>를, 돌림병에 약 한 첩을 써 보지 못하고 죽인 자식을 거적에 말아서 <u>묻은 동산</u>을, 민란 때 관가에 끌려가서 원통하게 맞아 <u>죽은 남편</u>을, 지금은 흙 속에서 잠이 들어 버린 그 <u>숱한 이웃들</u>을. 바람은 서러운 추억의 현을 가만가만 흔들어 준다.(박경리,『토지』에서)

이별을 생각하는 사람이라면 당연히 이별한 사람을 생각할 것입니다. 그런데 이 글에는 '늙은 부모', '묻은 동산', '죽은 남편', '숱한 이웃들'과의 이별을 생각하는 것으로 되어 있습니다. 문법적으로나 어휘적으로나 의미적으로나 아무 문제가 없는 문장이지만, 조금 깊이 생각하면 '동산'과의 이별을 생각한다는 것은 사리에 맞지 않습니다. 다른 셋이 실제로 이별한 사람들을 열거하고 있는 것과 전혀 어울리지 않습니다.
　그러면 '묻은 동산' 대신에 무엇을 넣으면 이별의 대상이 모두 호응될 수 있을지 말해 보세요.

답

'죽인 자식' 또는 '죽여 거적에 말아서 동산에 묻은 자식'으로 쓰면 된다. '돌림병에 약 한 첩을 써 보지 못하고 죽인 자식을 거적에 말아서 묻은 동산을'을 다른 이별과 호응이 되도록 한다면 '언제 왜 어떻게 된 누구'의 형태로 바꾸어야 한다. 따라서 '돌림병에 약 한 첩을 써 보지 못하고 죽인 자식을'로 고치는 것이 가장 바람직하다.

다음 문장의 밑줄 친 부분을 검토해 보세요.

❶ 공직 사회가 지연과 학연의 <u>사슬에서 헤맨다면</u> 우리에게는 미래가 없다.
❷ 연기자 절반 이상이 이 만화를 보고 자기 <u>진로를 결심했다</u>고 한다.

❶은 '헤맨다'가 어떤 장소와 어울리는지, 또는 '사슬'이 어떤 동사와 어울리지 않는지 생각해 보세요. ❷는 결심하는 대상이 무엇이겠는지, 아니면 '진로'와 어울리지 않는 동사가 무엇이겠는지 생각해 보세요.

답

❶ '사슬에서 벗어나지 못한다면' 또는 '사슬에 얽매인다면'으로 고치는 것이 정확하다. 사슬은 묶는 데에 쓰이는 것이므로 그와 친한 동사를 써야 한다. '헤매다'는 일정한 넓이가 있는 장소를 방향 없이 이리저리 돌아다님을 뜻하는 말이다. 그런데 사슬은 그런 넓이가 있는 장소가 아니다. 따라서 '사슬'과 '헤매다'는 어울리지 않는다.

❷ '진로를 결정했다' 또는 '진로를 바꾸기로 결심했다'로 고치는 것이 옳다. '결정하다'는 완전한 타동사이므로 목적어를 쉽게 취할 수 있다. 그러나 '결심하다'는 '마음을 결정하다'의 의미를 가지므로 그 자체에 이미 목적어를 가지고 있는 동사이다. 따라서 자동사로 써야 한다. '결심하다'가 타동사로 쓰이는 경우는 결심한 내용을 목적어로 취할 때이다. '우리는 탈출을 결심했다'처럼 쓰이는 경우이다. 그 외에는 언제나 자동사로 쓰인다.

아래 문장에서 밑줄 친 부분을 검토해 보세요.

❶ 국회가 정치 중심에서 멀리 비켜나 있는 <u>기간</u>이 너무 <u>오래 계속되었다.</u>
❷ 가속화하고 있는 가정의 기능 상실 현황과 문제점과 <u>대안</u>을 3회에 걸쳐 <u>진단한다.</u>

❶은 오래 계속될 수 있는 것이 어떤 것이며, 기간과 어울리는 서술어가 무엇인지 생각해 보세요. ❷는 진단의 목적이 될 수 있는 것이 무엇인지 생각해 보고, 대안은 어떤 서술어와 어울릴 것인지 생각해 보세요.

답

❶ 오래 계속될 수 있는 것은 '일정한 기간 지속되는 행사나 상태'이다. '기간'은 '정해진 두 때의 사이'를 가리키는 말이다. 따라서 오래 계속될 수 있는 것과 기간은 맞지 않고, 기간이 오래 계속될 수도 없다. '기간이 너무 길었다'로 고치거나 '상태가 너무 오래 계속되었다'로 고쳐야 한다.

❷ '진단'은 '병의 증세를 살펴서 판단함'을 뜻하는 어휘이다. 따라서 어떤 문제점이 있는지 조사하여 판단하는 것도 진단의 개념에 들어간다. 그러나 '대안'은 진단의 대상이라고 할 수 없다. '대안'은 진단의 결과에 따라서 내리는 처방이므로, '진단'과는 어울리지 않는다. '대안'은 '대책'과 비슷한 어휘로서 '세우다, 제출하다, 제기하다' 따위의 동사와 어울린다. 이 문장을 가장 자연스럽고 정확하게 고친다면 '가속화하고 있는 가정의 기능 상실 현황과 문제점과 대안을 3회에 걸쳐 연재/방송/강의한다' 정도가 될 것이다.

밑줄 친 낱말이 어떤 낱말과 호응이 되지 않는지 알아보세요.

❶ 어린이들의 사행심을 <u>조성하는</u> 상품들이 학교 앞에서 버젓이 팔리고 있다.

❷ 아이들의 좋은 학습 분위기를 <u>조장하는</u> 프로그램을 시행합시다.

❸ 이번 테러 사건은 세계적으로 엄청난 <u>파장을</u> 일으켰다.

이들 어휘의 의미만 본다면 그 무엇도 호응 때문에 문제가 되지는 않습니다. 그러나 그 어휘가 주로 쓰이는 상황을 염두에 두면 일정한 어휘나 분위기와는 어울리지 않는 점이 보일 것입니다.

답

❶ '조성造成하다'는 새로 만듦을 뜻하는 말이고, '사행심'은 누구에게나 있으면서도 드러나지 않다가 어떤 일로 인해서 드러나는 성질의 것이다. 따라서 '조성'은 '사행심'과는 어울리지 않는다. '사행심'은 '일으키다', '조장하다' 같은 동사와 어울리는 어휘이다.

❷ '조장助長하다'는 만드는 것이 아니고, 있는 것을 도와서 북돋움의 뜻을 가진다. '분위기'는 일정한 노력을 해서 만드는 것이므로, '조장하다'와 잘 어울리지 않는다. '분위기'와 어울리는 동사에는 '만들다', '조성하다', '망치다' 따위가 있다.

❸ '파장波長'은 '파동波動의 길이'이다. 이것과 어울리는 형용사는 '길다', '짧다' 정도이고, 동사는 '길어지다', '짧아지다' 정도이다. '일으켰다'와 어울리려면 일어날 수 있는 명사를 선택해야 한다. 여기에서는 테러로 엄청난 영향을 끼친 의미로 쓰였기 때문에 '영향'을 가리킬 수 있는 '파문'이 적격이다. '파장'은 '파급되는 영향'의 의미로 쓰이기에는 부적절하다.

5. 호응과 은유*

호응이란 일정한 의미 범위를 가지는 어휘가 그 범위를 벗어나지 않는 상태에서 다른 어휘와 어울리는 상태를 의미한다. 그런데 어떤 경우에는 어휘의 의미 범위를 벗어나더라도 부자연스러움을 느끼지 않기도 한다. 즉 의미적으로 호응이 되지 않았는데도 그것을 탓하지 않고 오히려 거기에서 새로운 의미를 찾을 수 있는 경우가 있는 것이다. 은유는 우리가 일상적으로 사용하는 어휘의 의미 범위를 벗어나서 새로운 접근법으로 자기가 말하고자 하는 바를 암시하는 기법이다. 우리는 이 새로운 기법을 이해하고 거기서 감추어진 의미를 발견한다. "사람은 생각하는 갈대이다"라고 하는 말을 곧이곧대로 이해한다면 주어와 서술어가 의미적으로 호응이 되지 않을 뿐 아니라(사람은 갈대가 아니다), 꾸미는 말과 꾸밈을 받는 말의 호응도 되지 않는(갈대는 생각하지

---

* 은유(隱喩, metaphor)란 어휘가 문자적인 의미를 벗어나서, 다른 의미로 또는 다른 사물을 나타내기 위해서 쓰이는 새로운 표현 방식이다. 예를 들면 "사람은 떡으로만 살 것이 아니다"에서처럼 '떡'으로 식량을 나타내거나(이를 대유법이라고 함), "감투 싸움이 한창이다"에서처럼 '감투'로 벼슬을 나타내거나(이를 제유법이라고 함), "별이 떴다"에서처럼 '별'로 장군을 나타내거나(이를 환유법이라고 함), "사람은 생각하는 갈대"에서처럼 '사람'을 갈대에 비유하는 경우에(이를 은유법이라고 함), 각 곳에서 사용된 '떡', '감투', '별', '갈대' 등이 모두 은유적으로 사용되었다고 한다. 이뿐만이 아니라, "우리 선수들의 사기가 충천한 상태이다"라고 말했을 경우의 '충천(衝天, 하늘을 찌름)'도 은유적 표현으로 본다. 왜냐하면 실제로 사기(士氣)가 하늘을 찌르지는 않기 때문이다. "벤처 열풍이 전국을 강타하고 있다"라는 표현에도 은유가 포함되어 있다. '벤처(venture, 모험적 사업)', '열풍(熱風, 뜨거운 바람)', '강타(强打, 세게 침)' 등이 모두 은유적으로 사용된 것이다.

못한다) 치졸한 말이라고 생각할 수 있다. 그러나 우리는 이 문장을 아무 이상 없이 이해하고 오히려 극적인 의미를 드러내는 표현으로 칭찬한다. 우리는 왜 주어와 서술어, 꾸미는 말과 꾸밈을 받는 말이 이처럼 이치에 맞지 않는 어휘로 연결되어 있는데도 이를 은유적 표현으로 칭찬하고, "우리 사회의 문제점을 점검하여 그 대안을 진단한다"에서 '대안을 진단한다'는 잘못된 표현으로 볼까? 그것은 어휘들 사이의 호응을 어김으로써 얻어지는 새로운 가치가 있는지 없는지에 따른다고 볼 수 있다.

➊ 전쟁터에서는 끊임없이 대포가 짖었다.
➋ 개가 달을 쳐다보며 폐성(吠聲, 짖는 소리)을 쏘았다.

➊의 '대포'는 '쏘는' 것이지 '짖는' 것이 아니라고 보면 이 문장은 의미적으로 호응이 되지 않는다. ➋의 '개'는 '짖는' 동물이지 '쏘는' 동물이 아니라고 보면 이 문장도 의미적으로 호응이 되지 않는다고 볼 수 있다. 그러나 이 두 문장을 자세히 보면 '대포'와 '짖음', '개'와 '쏨'이 전혀 이질적이지만은 않다는 생각을 할 수 있다. 물론 본래적인 의미에서 벗어나서 사용되기는 했지만, 이미지가 교차하는 부분이 전혀 없는 것은 아니다. 개가 짖는 것처럼 시끄럽게 대포가 짖을 수 있고, 사람이 달을 향해 활을 쏘는 것처럼 개도 달을 향해 폐성을 쏠 수 있다. 이 문장을 쓴 사

람이 그런 이미지를 형상화하기 위해서 썼다면 이해하지 못할 바도 아니다. 여기에서 우리는 은유와 호응의 갈등에 부딪칠 수 있다.

우리는 의미적으로 호응이 되는지, 되지 않는지 따지면서 화석화한 어휘의 의미를 기준으로 삼는다. 즉 사전에 나와 있는 어휘의 의미에 따라서 판단하는 것이다. 그러나 사람의 언어 능력과 인지 능력은 사람을 기성의 의미와 사용법을 활용해서 언어 생활을 하는 데 만족하도록 내버려 두지 않는다. 사람들은 끊임없이 새로운 이미지를 창조하려고 노력하며, 간결하면서도 함축적이고 더 밀접한 표현을 만들고자 노력한다. 이런 노력은 일반인이 구체적인 사물을 보는 눈과는 다른 눈으로 그 사물을 보면서 거기에서 새로운 이미지를 찾아내거나, 기존의 어휘에서 일반인이 생각하지 못한 사용법을 찾아내게 해 준다. 은유는 이런 창조적이고 인지 능력이 뛰어난 사람들에 의해서 탄생되는 언어이다. 따라서 사물을 이해하고 어휘를 요리하는 능력과 수준에 따라서 은유를 이해하는 폭이 달라질 수 있다. 이런 점에서 어휘의 의미적 호응을 따져서 비문으로 낙인을 찍는 것은 자칫 창조적인 언어 활동을 제약할 가능성이 있다.

학자들은 의미적 호응의 결여나 은유나 그 본질적인 특성은 '일탈逸脫'이라고 생각한다. 즉 정상적인 어휘의 의미 범주를 벗어나서 어휘를 사용할 때에 의미적 호응이 안 된다고 지적을 하거나 은유 기법을 썼다고 생각하는 것이다. 그러므로 '벗어남'의 형편과 정도에 따라서 비정상적인 문장이 되기도 하고, 고도의 함축성을 가진 멋진 은유 문장이 되기도 한다. 한국어 은유를 체계적으로 연구하고 있는 박영순 교수가 "은유는 언어 체계의 안정성과 통합성과 문맥 안에서 조작적 사용의 변화와 다양성의 경계에 위치하고 있다. 이것은 언어의 기본적인 문법 체계를 유지하고, 문맥을 해치지 않는 범위 내에서 새롭고 다양한 언어 사용을 하는 데 있어서 은유가 제일 먼저 사용될 수 있다는 뜻이다"라고 말한 것은 비문과 은유문의 관계를 설명한 것이라고 하겠다. 그렇다면 '일탈'이 비문이 되거나 은유문이 되는 경계는 무엇일까?

비문과 은유문의 경계선을 분별할 수 있는 사람은 우수한 모국어 사용자이다. 어린이나 처음으로 외국어를 배우는 사람은 웬만한 은유도 이해하지 못한다. 어느 정도 교육을 받은 사람이라도 시인들이 사용하는 고급 은유를 이해하지 못할 수 있다. 따라서 우수한 모국어 사용자(조금 추상적인 개념이기는 하지만)가 아니면 이 경계를 알기가 어렵다. 이 우수한 모국어 사용자가 자기 능력으로 해석할 수 있거나, 글쓴이의 설명을 듣고 이해할 수 있을 때에 은유가 성립한다. 고도의 은유는 일견 비문처럼 보일 수 있다.

비문과 은유의 한계가 이처럼 모호하므로 글을 쓰는 사람은 은유문을 쓰기 전에 먼저 문법적으로 정확한 문장을 쓰는 노력을 기울여야 한다. 어휘의 의미와 쓰임새를 정확하게 안 뒤에 통사적으로 문제가 없는 문장을 만들 능력이 생기면 자연히 새로운 언어적 영감을 받는 단계로 진입하게 될 것이다. 기존의 의미나 표현으로는 만족할 수 없는 욕구가 있을 때, 새로운 이미지가 떠오를 때 은유를 시도할 수 있을 것이다. 은유는 사진사가 예술적인 사진을 찍기 시작하는 단계에 비유할 수 있다. 사실적인 사진을 제대로 찍을 수 있는 사람이 그 단계를 뛰어넘기 위해서 예술적인 사진을 찍게 된다. 문장에서 은유법을 사용하려면 먼저 기성의 표현법을 제대로 습득해야 한다. 어법에 맞는 문장 작성과 정확하고 세밀한 묘사법을 습득한 사람만이 비문이 아닌 은유문을 쓸 수 있다.

아래 글을 읽고 밑줄 친 부분이 잘못 쓰였는지 은유적 표현인지 검토해 보세요.

아무런 약속도 없이 나는 떠나야 했다. 내 작고 초라한 배로……나는 메마른 땅을 파고 굴을 파야만 했다. 내 긴 뱃길을 위하여……그것은 물이 아니라 피와 땀으로 이루어졌는지도 모르지만, <u>맑은 날씨와 따뜻한 햇볕은 언제나 내게 인색하였다.</u> 비바람이 아니면 눈보라의 나날을. 그래도 나는 오늘까지 나의 뱃길을 쉬지 않았다. 그만큼 나의 운하는 길고 먼 것이다.(박화성, 『눈보라의 운하』에서)

이 글은 한국 문단의 대모代母로 알려진 박화성이 만년에 쓴 자서전의 일부입니다. 여기에 등장한 많은 어휘들은 상징적으로 쓰인 것들입니다. '배'는 박화성 자신을 상징하고, '뱃길'은 박화성이 걸어온 길을 상징하며, '운하'는 그가 삶을 통해서 이룩한 성과를 상징할 것입니다. 이렇게 해서 여기에 있는 문장들은 박화성의 인생을 은유적으로 잘 표현하고 있습니다. 그런데 밑줄 친 부분의 문장은 조금 다릅니다. 은유적 표현인 것 같으면서도 문장 구성에 문제가 있는 것 같습니다. 깊이 생각해 보세요.

은유적 표현이지만 '인색하다'를 이렇게 쓰면 문장이 비문에 가까워진다. '맑은 날씨와 따뜻한 햇볕'은 '순경順境'을 상징하고, '비바람이나 눈보라의 나날'은 '역경逆境'을 상징하는 은유이다. 따라서 이 문장은 '순경은 내게 별로 주어지지 않았다'의 뜻이라고 보아야 한다. 그렇다면 나에게 그런 것을 줄 수 있는 주체가 인색한 것이지 '순경(날씨와 햇볕)'이 인색할 수는 없다. 이것은 마치 가난한 사람이 '돈은 내게 인색했다'라고 표현하거나, 평생 집을 마련하지 못하고 사는 사람이 '집은 나에게 인색했다'라고 표현하는 것과 같다. '인색하다'를 이렇게 사용한 것은 비문에 가깝다. '맑은 날씨와 따뜻한 햇볕은 언제나 나를 외면했다. 비바람이 아니면 눈보라의 나날만이'처럼 쓰거나 '맑은 날씨와 따뜻한 햇볕은 나와 인연이 없었다. 비바람이 아니면 눈보라의 나날만이'처럼 쓰면 문제가 없어진다.

다음 글에서 밑줄 친 부분의 의미적 호응이나 비유 관계를 검토하고 의견을 말해 보세요.

> 그녀의 몸에 뚫려 있는 모든 구멍들이[1] 당사실 같은 파장으로[2] 창기의 머릿속에 웅크리고 있는 음모의 옷을 벗기고 있었다.[3] (한승원, 「검은댕기두루미」에서)

이 글은 그녀가 창기의 진심 또는 의도를 읽어내기 위해서 신경을 곤두세우고 있는 모습을 묘사한 장면입니다. [1]과 [3] 곧 주제어와 서술어가 호응되는지, [2]의 비유가 적절한지 검토해 보기 바랍니다.

답

'구멍들'을 신경 세포가 곤두서 있는 구멍들로 생각하면 [1]과 [3]은 은유적 표현이 될 수 있다. 구멍들을 통해서 창기의 음모를 알 수 있게 되었다는 의미일 것이다. [2]의 '당사실 같은 파장'은 작가의 설명이 없이는 이해하기가 어렵다. 이 부분은 은유의 한계를 넘어선 것 같다.

다음 글에서 밑줄 친 부분의 의미적 호응이나 비유 관계를 검토하고 의견을 말해 보세요.

> 사실로는 졌지만 마음으로는 안 졌다는 <u>앙큼한 자존심</u>, <u>꼬장꼬장한 고지식</u>, 양반은 얼어 죽어도 <u>겻불을 안 쬔다는 지조</u>, 이 몇 가지가 그들의 생활 신조였다.(이희승, 「딸깍발이」에서)

답

제시된 세 가지, 곧 '앙큼한 자존심', '꼬장꼬장한 고지식', '겻불을 안 쬔다는 지조' 따위를 생활 신조라고 할 수 있는지 의문이다. '신조'란 '굳게 믿어 지키는 생각'을 뜻하는 말이다. 다음에 '양반은 얼어 죽어도 겻불을 안 쬔다'는 태도를 지조라고 할 수 있는지도 의문이다. 이것은 오히려 체면치레에 가까운 태도라고 할 수 있다. 이런 점에서 신조와 '앙큼한 자존심', '꼬장꼬장한 고지식', '겻불을 안 쬔다는 지조'가 의미적으로 호응하지 않고, '양반은 얼어 죽어도 겻불을 안 쬔다는' 마음가짐과 '지조'도 의미적으로 호응하지 않는다.

문장 구성 해설

1. 문장의 성분

주어	체언 + 주격 조사(이/가)
서술어	동사, 형용사, 체언 + 서술격 조사(이다)
목적어	체언 + 목적격 조사(을/를)
보어	체언 + 보격 조사(이/가)
부사어	부사, 체언 + 부사격 조사(에, 에서, 에게, 로 등)
관형어	관형사, 체언 + 관형격 조사(의)

2. 문장의 유형

한 자리 서술어 문장	주어 + 서술어
두 자리 서술어 문장	주어 + 목적어/보어/부사어 + 서술어
세 자리 서술어 문장	주어 + 목적어 + 부사어 + 서술어

3. 문장의 종류

홑문장	주어와 서술어 관계가 한 번 이루어진 문장.
겹문장	주어와 서술어 관계가 두 번 이상 이루어진 문장.
안은문장	겹문장의 하나로, 문장 성분 안에 절을 안고 있는 문장. 명사절을 안은문장, 관형절을 안은문장, 부사절을 안은문장, 서술절을 안은문장이 있다. 안은문장 안에 들어 있는 명사절, 관형절, 부사절, 서술절을 안긴문장이라고 한다.

이어진문장	겹문장의 하나로, 둘 이상의 절이 연결 어미로 연결된 문장. 연결 어미에 따라서 앞 문장이 뒤 문장의 이유나 원인 또는 근거가 되는 문장을 종속적으로 이어진문장이라고 말하고, 두 문장이 아무 관련이 없이 대등하게 독립적인 상태로 연결된 문장을 독립적으로 이어진문장이라고 한다.
예시	• 우리는 함께 점심을 먹었다.(홑문장) • 나는 <u>엄마가 싸 주신</u> 점심을 먹었다.(겹문장, 관형절을 안은문장) • 물이 <u>이가 시리게</u> 차다.(겹문장, 부사절을 안은문장) • 나는 <u>네가 괴로워하고 있음</u>을 모르고 있었다.(겹문장, 명사절을 안은문장) • 우리는 <u>네가 참으로 자랑스럽다</u>.(겹문장, 서술절을 안은문장) • <u>해가 지니</u> 공기가 차가워진다.(겹문장, 종속적으로 이어진문장) • <u>그가 도착하면</u> 나에게 알려라.(겹문장, 종속적으로 이어진문장) • <u>나를 보자</u>, 도망갔다.(겹문장, 종속적으로 이어진문장) • <u>비가 오고</u>, 바람이 불었다.(겹문장, 대등하게 이어진문장) • <u>산은 높았지만</u>, 골짜기는 그리 깊지 않았다.(겹문장, 대등하게 이어진문장)

4장
일치

1. 시제의 일치

시제時制란 말을 하는 사람이 말하는 시점을 기준으로 하여 사건이나 동작이 일어난 시간의 앞뒤를 제한하는 것이다. 말하는 시점에서 일어나는 사건이나 동작은 현재 시제로 표현하고, 말하는 시점보다 먼저 일어난 사건이나 동작은 과거 시제로 표현한다. 시제의 일치란 겹문장에서 사용하는 둘 이상의 서술어 시제를 일치시키는 것을 뜻한다. 영어에서는 시제의 일치가 문법 사항으로서 반드시 지켜야 하는 원리이지만, 국어에서는 상황에 따라서 조금 특이하게 시제의 일치 문제에 대처한다.

❶ 선생님께서 들어오시자 우리는 모두 자리에서 일어섰다.

❷ 비가 내리니 수목들이 생기를 되찾았다.

❸ 그는 비행기를 타고 여행을 떠났다.

위 예문을 통해서 우리는 국어 시제의 특징을 알 수 있다. 국어에서는 연결 어미에 따라서 종속절의 서술어에는 시제를 넣지 않고 주절의 서술어에만 시제를 넣는 경우가 많다. 즉 사건의 선후 관계나 인과 관계를 나타내는 연결 어미로 이어진 겹문장에서는 앞선 사건의 시제를 따로 표시하지 않고(형태상으로는 현재 시제처럼 보이지만 실제로는 시제를 나타내는 어미를 붙이지 않은 형태이다), 뒤따르는 사건에다 시제를 나타내는 어미를 붙여서 앞선 사건의 시제까지 나타낸다. ❶에서는 '들어오시자'가 '일어섰다'보다 앞선 동작이고, ❷에서는 '내리니'가 '되찾았다'보다 앞선 시제이며, ❸에서는 '타고'가 '떠났다'보다 앞선 시제이다. 비록 시제로 보면 현재처럼 보이지만 연결 어미의 기능에 의지하여 종속절의 서술어가 더 먼저 이루어진 행위임을 알게 되는 것이다.

❹ 학교에 가는데 동생이 나를 불렀다. / 학교에 가는데 동생이 나를 부른다.

❺ 아이들은 춤을 추면서 즐겁게 놀았다. / 아이들은 춤을 추면서 즐겁게 논다.

❻ 아이들은 노느라고 정신이 없었다. / 아이들이 노느라고 정신이 없다.

위의 세 예를 보면 주절의 서술어가 어떤 시제인가에 따라서 종속절의 시제가 결정됨을 명료하게 알 수 있다. 주절의 시제가 과거이면 종속절의 시제도 과거로 인식되고, 주절의 시제가 현재이면 종속절의 시제도 현재로 인식된다. 앞의 여섯 예는 모두 종속적으로 이어진문장임에 유의하기 바란다. 독립적으로 이어진문장에서는 조금 달라진다.

❼ 그는 스키를 타고, 나는 썰매를 탔다. / 그는 스키를 탔고, 나는 썰매를 탔다.

❽ 하늘이 맑고, 공기도 상쾌했다. / 하늘이 맑았고, 공기도 상쾌했다.

❾ 집안이 깨끗하고, 주위도 아름다웠다. / 집안이 깨끗했고, 주위도 아름다웠다.

위의 세 예에서 앞의 것은 종속절의 시제를 주절의 시제에 매이게 하는 구성이고, 뒤의 것은 각각 시제를 독립적으로 제시한 것이다. 원래 독립적인 두 문장이라면 시제도 독립적으로 사용해야 하지만, 독립성이 있으면서도 하나의 문장으로 이어졌기 때문에 앞 절의 시제를 뒤 절의 시제에 매이게 한 것이다. 독립성을 확실하게 하려면 뒤의 예처럼 시제도 독립적으로 사용해야 한다. 이런 점에서 보면 한국어에서 시제의 일치는 필수 조건이 아님을 알 수 있다. 그러나 특별한 경우에는 한국어에서도 반드시 시제가 일치해야 하는 경우가 있다. 안은문장과 안긴문장 사이의 시제의 일치가 그것이다.

▌ 안은문장과 안긴문장의 경우

안은문장은 안긴문장을 가진 겹문장을 이르는 말이다. 안은문장에는 명사절을 안은문장, 관형절을 안은문장, 부사절을 안은문장, 서술절을 안은문장이 있는데, 이 가운데에서 관형절을 안은문장에서 시제의 일치 문제가 일어난다.

❶ 그가 <u>하는</u> 것처럼 보이지만 실은 그가 직접 하지 <u>않는다</u>.

❷ 그가 <u>한</u> 것처럼 보이지만 실은 그가 직접 하지 <u>않았다</u>.

❸ 어제 우리가 <u>먹은</u> 음식은 참 맛이 <u>있었다</u>.

❹ 내일 우리가 <u>먹을</u> 음식은 참 맛이 <u>있을 거야</u>.

위 예문은 관형절을 안은 겹문장인데 관형절(안긴문장)의 서술어 시제와 안은문장의 서술어 시제가 일치함을 보여 준다. 여기서 눈여겨보아야 할 것은 관형절의 주어와 안은문장의 주어가 같다는 점이다. 그렇다면 안긴문장의 주어와 안은문장의 주어가 같을 경우에 안긴문장과 안은문장의 시제를 일치시켜야 한다는 결론을 얻을 수 있다. 아래 문장에서 시제 일치의 문제를 검토해 보자.

> 참으로 아름다운 계절 5월에 아름다운 명승지를 <u>돌아보는</u> 일은 정말로 즐겁고 기쁘기 <u>그지없었다</u>.(일간 신문 기사)

'명승지를 돌아보는'이 관형절인데 여기에는 현재 시제를 사용했다. 그런데 안은문장의 서술어에는 과거 시제를 사용했다. 시제의 불일치가 일어난 것이다. 앞의 관형절은 당위를 나타내는 표현이므로 현재 시제를 쓰는 것이 맞다. 그렇다면 안은문장의 서술어도 현재 시제를 사용하여 '기쁘기 그지없다'로 써야 한다. 아래 네 문장을 비교해 보자.

❺ 그가 가장 싫어한 사람이 바로 너였어.
❻ 그가 가장 싫어한 사람이 바로 너야.
❼ 그가 가장 싫어하는 사람이 바로 너일걸.
❽ 그가 가장 싫어할 사람이 바로 너야.

관형절을 안은문장으로서 ❺는 관형절(안긴문장)과 안은문장의 시제를 일치시킨 것이고, ❻, ❼, ❽은 시제를 다르게 한 것이다. 그런데 ❻, ❼, ❽도 문장으로서 문제가 없다. 그렇다면 관형절을 안은문장에서도 시제의 일치가 절대적이 아님을 알 수 있을 것이다. 결론적으로 말하면 한국어에서 문장 안의 시제 일치는 관형절을 안은문장에서 제한적으로 일어날 뿐이고, 대개 독립된 문장 사이에서 나타난다.

▌ 시제와 관련해서 유념해야 할 몇 가지

‘–고 있–’ 형태의 남용

현재형과 관련하여 현재진행을 나타내는 ‘–고 있–’에 관해서 검토할 필요가 있다. 우리는 현재진행을 나타내려고 할 때에 ‘–고 있–’의 형태를 사용한다. 이 구문 외에도 ‘–는 중이다’ 구문도 자주 쓰이지만 여기서는 논하지 않겠다. 앞에서 말한 대로 현재형으로도 현재진행의 의미를 나타낼 수 있는데 그것으로는 만족하지 못하고 이런 형태를 사용한다. 왜 그럴까?

❶ 그는 노래를 <u>부른다</u>.
❷ 그는 노래를 <u>부르고 있다</u>.

❶은 현재형으로 그가 지금 노래를 부르기 시작한 경우에 쓸수 있는 말이다. 그러나 일반적으로 이 문장의 의미는 그의 직업

이 가수라는 뜻이 강하다. 현재 노래를 부르는 동작을 하는 것이 아니고, 노래를 부르는 일을 하는 사람을 나타내기 위한 표현으로 이해되는 것이다. 반면에 ❷는 그가 현재 노래를 부르는 동작을 하는 중임을 나타낸다. 동사에 따라서는 현재형이 이처럼 현재 동작을 나타내지 못하기 때문에 그 동작이 현재진행하는 상태임을 나타내기 위해서 '-고 있-'을 쓰지 않을 수 없다.

❸ 바람이 <u>분다</u>.
❹ 바람이 <u>불고 있다</u>.

❸은 바람이 불기 시작할 때에 쓰거나, 바람이 부는지 불지 않는지 모르는 상태에서 비로소 바람이 부는 것을 알게 된 경우에 쓴다. 따라서 바람이 부는 상태가 지속되는지는 알 수 없다. 이에 비해 ❹는 바람이 부는 중임을 나타낸다. 아까도 불었고 지금도 부는 중이면 당연히 ❹의 문장이 제격이다. 이렇게 보면 '-고 있-' 형태의 현재진행형은 사용 가치가 충분하다. 아래 예문에 쓰인 '-고 있-'은 중의적 표현이 될 수 있다.

❺ 아이는 구두를 <u>신고 있다</u>.

❺의 '-고 있-'은 두 가지 다른 상황을 동시에 의미할 수 있다.

'신는 행위를 하는 중'임을 의미하면서 달리 보면 '신은 상태'로 있음을 의미하기도 한다. 앞의 의미는 현재 신는 동작이 눈에 보이고, 뒤의 의미는 이미 신은 행위는 끝난 뒤임을 의미한다. '신는' 행위의 시점이 해석하기에 따라서 달라질 위험이 있는 것이다. 따라서 범죄 등 행위 시점을 정확하게 말해야 하는 경우에는 이런 문구를 지양해야 할 것이다.

　아래 예문은 '-고 있-' 구문이 부적절한 경우이다. 부적절한 이유를 생각해 보자.

> ❻ 내일 태풍이 상륙할 것으로 <u>예상되고 있습니다</u>.
> ❼ 정부의 대응이 <u>주목되고 있습니다</u>.
> ❽ 프리미엄을 주고 다시 분양받는 <u>셈이 되고 있습니다</u>.

　❻, ❼에 쓰인 서술어는 현재진행의 시제로 쓰는 것이 부자연스럽다. '예상되다'는 순간적으로 완성되는 서술어이기 때문에 단순히 현재형으로 '예상됩니다'라고 쓰는 편이 자연스럽다. '주목되고 있습니다'도 '주목됩니다'로 쓰는 것이 좋다. ❽의 '셈이 되고 있습니다'는 매우 요령이 없는 표현이다. 여기에는 동작이 없으므로 현재진행형은 전혀 적합하지 않다. '셈입니다'를 쓰는 것이 가장 자연스럽고, 군이 '되다'를 쓴다면 '셈이 됩니다'로 쓰는 것이 바람직하다.

아래 문장에서 현재 진행형 시제를 나타내기 위해서 쓰인 구문 '–고 있–'
의 타당성을 검토해 보세요.

1 내일은 대규모 시위가 <u>예고되고 있습니다.</u>

2 음모의 실체가 가려질 것으로 <u>보고 있습니다.</u>

3 의자에서 <u>자고 있는데</u> 누군가 나를 불렀다.

4 공은 다시 검찰로 <u>넘어가고 있다.</u>

답

1 '예고되다'는 한 동작으로서 예고가 완료되기 때문에 '예고되고 있습니다'
라는 표현은 부적절하다. '예고되었습니다'로 바꿀 것.

2 '봅니다'를 쓰는 것이 간결하다.

3 '자다'도 동작이 계속되는 동사이므로 '자고 있는데'보다는 '자는데'가 더
간결하여 좋다.

4 공이 넘어가는 것은 순간적으로 완료되는 것이므로 진행형을 쓰는 것은
부적절하다. '넘어갔다'라고 해야 한다.

과거 시제의 형태 가운데에서 '-었었-/-았었-'을 쓰는 경우가 있다. 흔히 대과거라고 부르는 형태인데, 일부 사람들은 이런 형태가 한국어에 고유한 형태가 아니라고 해서 기피하기도 한다. 한국어에서 과거는 '-었-'으로 표현하면 충분하기 때문에 '-었었-'을 인정할 필요가 없다는 것이 그 이유이다. 그러나 많은 학자들은 '-었었-'이 고유한 의미 기능을 가진 어미라고 본다. 엄밀하게 말하면 단순히 과거 시제를 나타내기 위해서 습관적으로 쓴 '-었었-'만 문제가 될 뿐, 제대로 사용된 '-었었-'은 한국어에서 매우 중요한 의미 기능을 한다고 본다. 그러면 '-었었-'의 고유한 의미 기능이 무엇인지 아래 예문을 보면서 검토해 보자.

❶ 우리를 보자 그는 재빨리 도망갔었어.(도망갔어.)

❷ 동생이 나를 찾아왔었어.(찾아왔어.)

❸ 난 며칠 굶었었지.(굶었지.)

❶은 과거의 시점에서 도망간 일이 있었음을 나타낸다. 따라서 지금은 도망가지 않을 수도 있는 것이다. 반면에 '도망갔어'를 사용하면 현재 시점에서 도망가고 없음을 나타낸다. ❷는 과거의 어떤 시점에서 동생이 자기를 찾아왔음을 나타낸다. 따라서 지금은 동생이 자기 앞에 없어도 된다. 반면에 '찾아왔어'를 쓰면

지금 동생이 자기 앞에 찾아와 있음을 나타낸다. ❸은 과거의 경험을 이야기하고 있는데, 이를 '굶었지'라고 하면 현재 상태를 말하는 것이 된다. 그런데 시점을 제시하는 부사어가 있는 경우에는 굳이 대과거 형태를 쓸 이유가 사라진다. 아래 예문을 보자.

> ❹ 2년 전 내 생일에 그를 프랑스에서 <u>만났었다</u>/<u>만났다</u>.
> ❺ 그때는 며칠씩도 <u>굶었었지</u>/<u>굶었지</u>.

❹은 '2년 전 내 생일에'가 있기 때문에 굳이 대과거를 쓰지 않아도 시제를 정확하게 알 수 있다. '만났다'를 쓰더라도 2년 전의 과거 이야기임이 확실하기 때문이다. ❺도 '그때는'이라는 부사어가 이미 이 문장의 '굶음'이 과거의 일임을 알리고 있다. 따라서 '굶었지'로 충분하고 '굶었었지'를 쓸 필요가 없다. 이처럼 문맥에 따라서 이미 과거의 일임을 알 수 있는 문장에서는 대과거를 쓸 필요가 전혀 없으므로 무조건 대과거형을 쓰지는 않기를 권한다.

아래 예문의 시제를 살펴보고 대과거 '불편했었다'의 적절성을 검토해 보세요.

속사포처럼 쏟아지지만 한 글자 한 글자 핵심을 팍팍 찌르기에 감히 반박할 수 <u>없었고</u>, 이것으로 사실상 싸움은 딸의 일방적인 승리로 끝이 <u>났다</u>. 사실 나도 평소 회사 화장실에 붙어 있는 1퍼센트 노력이 부족해서 물이 끓지 않는다는 그 말에 뭔가 <u>불편했었다</u>. 돈 많이 벌고 유명해지는 것만을 성공이라 정의하고 성공만을 강조하고 그 성공을 위해 모든 노력을 다해야 한다는 이 사회의 모습, 다름을 인정하지 않고 오직 성공만을 위해 노력하라는 이 사회의 모습에 많이 <u>불편했었다</u>.(이재호, 「끓지 않는 물」에서, 『키움 수필집』)

답

'없었고', '났다'는 지금 시점을 기점으로 해서 과거이다. 그런데 '불편했었다'는 이 과거보다 앞선 시점에 있었던 것이므로 대과거를 쓰는 것이 적절하다.

아래 글을 읽고 밑줄 친 동사의 시제가 맞는지 검토해 보세요.

내가 댈러웨이에 대해 알게 된 것은 이층으로 새로 이사 온 젊은 사내 때문이었다.❶ 이층에는 그동안 내가 취미 생활을 하는 데 필요했던 암실과 작업실이 있었다.❷ 하지만 살림 살기에도 충분한 공간을 취미 생활 때문에 놀리기에는 아까운 감도 없지 않았고 또한 경제적인 문제도 걸려 있었기에 나는 세를 놓기로 했었다.❸ 암실과 작업실을 지하로 옮긴 나는 장판과 도배를 새로 했고, 세를 놓는다는 광고를 생활 정보지에 냈었다.❹ 그리고 그 자리에 아주 간단한 이삿짐을 가진 한 사내가 들어왔다.❺ (박성원, 「댈러웨이의 창」에서)

답

이 글은 과거의 이야기를 쓴 것이다. 따라서 기본적으로 과거 시제가 쓰였다. 그런데 ❸과 ❹에는 대과거가 쓰였다. 과거의 사건을 나타내기 위해서는 과거 시제를 쓰면 된다. 대과거는 과거에 끝났기 때문에 현재와는 상관이 없는 행위를 나타내기 위해서 쓴다. ❺의 사건에 비해서 ❸과 ❹의 사건이 앞섰다고 생각해서 대과거를 쓴 것 같은데 한국어에서는 대과거가 과거보다 더 앞선 사건을 나타내는 것은 아니다. 사건의 선후 관계는 문장에 사용된 연결 어미로 판단한다. 따라서 ❸은 '했다'로, ❹는 '냈다'로 고쳐야 한다.

아래 문장에서 밑줄 친 부분의 시제를 검토하고 적절하게 바꾸어 보세요.

대흥은 방에 들어와서도 옆구리에 왼손을 찌른 채 엉거주춤하고 <u>섰는데</u>❶ 두루마기 속에서는 무엇이 푸드득거린다.

"그게 뭐요?" 하고 오봉이가 물으니까,

"이놈에 것이 왜 이리 버둥거려" 하고 끄집어내는 것은 커다란 <u>수탉이었다</u>❷ 대흥이가 닭의 모가지를 비틀어서 안마당으로 내어던지는 것을 보고, "계란 춘부장 하나가 또 대명을 갔군" 하고 방안의 청년들은 깔깔 웃는다.(심훈, 『영원의 미소』에서)

답

❶은 '서는데'로 바꾸고, ❷는 '수탉이다'로 고치면 된다.

이 글은 현재 시제로 전개되어 있다. 따라서 지문의 모든 서술어를 현재 시제로 바꾸어야 한다.

미래 시제 '-겠-'의 오용

어미 '-겠-'은 추측이나 의지를 나타내기 위해 쓰는 어미인데, 그런 기능과 상관없는 경우에 불필요하게 사용하는 경우가 있다. '-겠-'의 오용 사례를 검토해 보자.

❶ 2번이 정답이 되겠습니다.

❷ 2번 환자님, 진료실로 들어오시겠습니다.

❸ 여기가 보길도가 되겠습니다.

❶은 사실에 해당하는 일이므로 추측과 어울리지 않는다. 따라서 이런 경우에는 '-겠-'을 쓰지 않는다. '2번이 정답입니다'라고 표현해야 한다. '되다'를 굳이 쓰더라도 '2번이 정답이 됩니다'라고 할 수 있지만, 문장의 내용이 '되다'와 어울리지 않으므로 '되다'를 쓰지 않는 것이 좋다. ❷는 주로 병원에서 간호사들이 자주 사용하는데, 듣기 거북한 표현이다. '2번 환자님, 진료실로 들어오십시오'라고 해야 할 말을 이렇게 이상하게 하는 것이다. 만일 간호사가 담당 의사에게 하는 말이라면 '2번 환자님이 진료실로 들어오시겠습니다'라고 할 수 있다. 그런데 환자 당사자에게 하는 말이라면 '들어오십시오'라고 해야 한다. ❸도 '보길도가 되겠습니다'라고 하면 안 된다. 그냥 '보길도입니다'라고 해야 한다.

2. 높임의 일치

한국어로 대화할 때에 가장 조심해야 할 부분이 높임법이라는 사실을 모르는 사람은 없을 것이다. 다른 어법이나 어휘의 오용은 쉽게 용납되지만, 높임법을 잘못 쓰면 대화가 거부되거나 인간관계가 깨어지는 최악의 사태를 맞을 수도 있다. 따라서 한국인은 물론이고 한국인과 한국어로 대화하려는 외국인은 한국어의 높임법에 익숙해지기 위해 끊임없이 노력하게 되는데, 한국어의 높임법이 워낙 복잡하고 다양해서 이들을 주눅 들게 한다. 언어생활을 더 쉽게 할 수 있도록 높임의 일치를 익혀야 한다. 한국어에서 높임법은 크게 주체 높임[*], 상대 높임^{**}, 객체 높임^{***}의 세 가지가 있다. 어느 높임을 사용하든 높임의 일치는 반드시 지켜야 한다.

❶ 선생님께서 오셔서 가르쳐 주실 거다.

❷ 진지 드시는 할아버지는 연세가 어떻게 되시니?

❸ 어머님께서 도착하셨으니 가서 잘 모시고 오너라.

---

* 문장의 주어에 해당하는 사람을 높이는 방법으로, 선어말 어미 '-시-'를 사용하여 높인다.

** 말을 듣는 사람을 높이는 방법으로서 높임이나 낮춤을 나타내는 종결 어미를 쓴다. 아주 높임에는 '-습니다, -습니까, -십시오, -십시다'를, 예사 높임에는 '-오, -ㅂ시다'를, 예사 낮춤에는 '-네, -게, -는가, -세'를, 아주 낮춤에는 '-다, -라, -자'를 쓴다.

*** 문장의 목적어나 부사어로 쓰이는 대상을 높이는 방법으로서 그 대상이 하는 행위나 물건 등을 높인다.

❶은 동일한 주체 '선생'을 높이기 위해 접미사 '-님'을 붙이고 이에 상응하는 높임의 조사 '께서'를 사용했으며, 주체가 하는 두 동작에 모두 높임을 나타내는 어미 '-시-'를 붙였다. 높임을 나타내는 데 쓰이는 모든 문법 요소를 빠짐없이 사용해서 높임의 일치를 이루었다. ❷도 '할아버지'를 높이기 위해 '밥 먹는' 대신 '진지 드시는'을 '나이' 대신 '연세'를 '되니' 대신 '되시니'를 썼다. 이처럼 문장의 각 성분에 두루 높임을 나타내는 것을 높임의 일치라고 한다. ❸도 '어머니'를 높이기 위해 곳곳에 빠짐없이 높임법을 사용했다. '모시고'는 '데리고'의 높임말이다. 그러나 아래 예문은 높임의 일치를 이루지 못했다. 높여야 할 때에 높이지 않은 곳이 있기 때문이다.

❹ 선생님이 진지를 먹으신다.

❺ 연세가 많은 사람을 도와 주어라.

❻ 댁에 있으면 빨리 나오기 바랍니다.

❹에서 '진지'는 '선생님'을 높이기 위해 '밥' 대신 쓴 높임말이다. 그렇다면 일관되게 '먹으신다'도 높임말 '잡수신다'로 갈음해서 써야 하고, 주격 조사 '이'도 '께서'로 바꿔야 높임의 일치가 완성된다. ❺도 '나이' 대신 높임말 '연세'를 썼다면 '사람' 대신에 '분'을, '주어라' 대신에 '드려라'를 써야 제격이다. ❻에서는 '댁'을

썼으니 '있으면'을 '계시면'으로, '나오기'를 '나오시기'로 바꿔야
한다. 이처럼 높임의 모든 요건을 맞추어 사용해야 높임이 일치
가 이루어진다.

3. 능동과 피동의 일치

사람이나 사물의 행위를 표현할 때에 능동적으로 표현하는 경우
와 피동적으로 표현하는 경우가 있다. 어떤 표현을 사용하는가
는 글을 쓰는 사람의 고유 권한이므로 왈가왈부하는 것은 적절
하지 못하다. 다만 동일한 행동을 한 문장 안에서 능동으로 표현
했다가 수동으로 표현했다가 하는 것은 바람직하지 못하다. 문
장이 자연스럽게 읽히지 않아 읽는 사람이 의미를 오해할 가능
성이 높기 때문이다.

> 그러나 그다음 날, 동생은 무사히 도착했다는 전화를 걸어 왔고,❶
> 그 후에도 동생한테서는 적어도 일주일에 한 번씩은 전화가 걸려
> 왔다.❷(박완서, 「그리움을 위하여」에서)

위 문장의 밑줄 친 ❶에서는 동생이 전화를 걸어 왔다고 능동
적으로 표현했고, ❷에서는 동생한테서 전화가 걸려 왔다고 수동
적으로 표현했다. 동생이 전화를 건 사실을 놓고 한 문장 안에서

능동형과 피동형을 번갈아 사용하면 부자연스러움을 줄 수 있다. 따라서 위의 문장을 아래와 같이 바꾸면 더 자연스러워진다.

고친 문장 그러나 그다음 날, 동생은 무사히 도착했다는 전화를 걸어 왔고, 그 후에도 적어도 일주일에 한 번씩은 <u>전화를 걸어 왔다</u>.

이렇게 하면 주어인 '동생'의 영향력이 문장의 끝까지 두루 미치게 되어 읽는 사람이 혼란을 겪지 않게 된다.

아래 문장에서 능동과 피동이 제대로 표현되었는지 검토해 보세요.

❶ 이런 성과를 <u>만들기 위해서는</u> 정말 신중하게 <u>추진돼야</u> 한다.(일간 신문 사설)

❷ 생각과 생각이 <u>부딪히고 모아져</u> 힘을 만듭니다.(정치인 인사말)

❸ 이 작은 공간은 그것을 위해 <u>만들어진 것이며</u> 그 어울림 속에 저의 열정과 부끄러움의 샘터로 <u>가꾸고</u> 싶습니다.(정치인 인사말)

❹ 일부 언론에서 수사관계자에 대한 사실관계 <u>확인 없이</u> 마치 검찰에서 <u>확인된</u> 것인 양 수사 대상자와 수사 방향을 <u>단정하거나 예단하는</u> 보도가 <u>계속되고</u> 있는 데 대하여 우려를 표시하지 않을 수 없음.(정부 보도 자료)

❺ 이러한 교양 교육의 강화, 의사소통 능력과 문제 해결 능력의 배양을 위해 교육 역량 강화 사업 TF팀이 <u>구성되어</u> 구체적인 실천 방안을 <u>마련하고</u> 있으며(대학 총장 인사말)

답

❶ '만들기 위해서는'은 능동이고, '추진돼야'는 피동이다. 동일한 주어가 하는 행위이므로 '만들기 위해서는', '추진해야'라고 능동으로 통일하는 것이 좋다.

❷ '생각과 생각이'는 '여러 생각이'와 같아서 피동 서술어를 쓰기 어려운 주어이다. 생각은 자연스럽게 나오거나 드는 대상이기 때문이다. 따라서 능동 서술어로 바꿔 '부딪치고 모여'라고 해야 한다.

❸ 동일한 주어가 한 행위인데 앞의 것은 피동으로 표현했고, 뒤의 것은 능동으로 표현했다. 둘 다 능동으로 표현하여 '그것을 위해 <u>만든</u> 것이며……가꾸고 싶습니다'처럼 표현하는 것이 좋다.

❹ 주어인 '언론'이 한 행위를 능동과 피동으로 어수선하게 표현했다. '검찰에서 확인한', '보도를 계속하고'처럼 능동으로 고쳐야 한다. 그래야 주어인 언론의 잘못이 명확해질 수 있다.

❺ 주어인 학교의 행위를 피동과 능동으로 표현했다. 'TF팀을 구성하여', '마련하고 있으며'처럼 일치시켜야 한다.

4. 나열의 일치

여럿을 나열할 경우에 나열하는 각 요소의 품사, 형태, 범주가 일치하도록 해야 한다. 여럿을 나열할 때 사용하는 조사에는 '와/과'가 있고 부사에는 '및'이 있으며, 어미에는 '-고, -며'가 있는데, 이들 앞뒤에 오는 요소들의 품사, 형태, 범주가 일치해야 한다.

> ❶ 학교에서 오늘 책상과 의자를 닦았다.
> ❷ 경제 개발 및 정치 민주화를 함께 추진했다.
> ❸ 신문을 배달하고 기차로 통학하는 생활은 참 고되었다.

❶은 명사 '책상'과 '의자'를 나열한 것이고, ❷는 명사구 '경제 개발'과 '정치 민주화'를 나열한 것이며, ❸은 동사 '배달하다'와 '통학하다'를 나열한 것이다. 나열된 두 요소는 모두 품사로 보나 형태로 보나, 범주로 보나, 서로 잘 어울린다. 그러나 글을 쓰다 보면 이런 일치를 벗어나는 일이 자주 생긴다.

> ❹ 이번 행사는 사회봉사명령의 엄정한 법 집행과 더불어 소외된 지역사회 주민과 함께하는 서울보호관찰소의 친근한 모습과 이해의 폭을 넓히고자 정만영 집행팀장의 주선으로 이루어졌다.(정부 보도 자료)

❹의 '친근한 모습'과 '이해의 폭'은 뒤에 오는 '넓히다'와 문법적으로 일치하지 않는다. '이해의 폭'은 넓힐 수 있지만, '친근한 모습'은 넓힐 수 있는 것이 아니다.

> ❺ 이들은 영주권 취득이나 몸이 아파 병역이 면제되었음에도 자진 귀국하거나 질병을 치유하여 병역 의무를 이행하는 공익근무요원 19명과 맡은 분야에서 투철한 사명감과 책임의식을 가지고 모범적인 선행을 몸소 실천해 온 모범 공익근무요원 15명으로 총 34명이다.(정부 보도 자료)

❺는 '영주권 취득'과 '몸이 아파 병역이 면제되었음'이 형태적으로 일치하지 않는다. '영주권 취득이나 병역 면제에도 불구하고'로 적으면 두 요소의 형태가 일치된다.

> ❻ 단기 봉사단의 경우 7-8월 중 개발도상국에 파견되어 공무원, 학생 및 일반 주민 등을 대상으로 IT 교육을 통한 국가 간 정보격차 해소와 정보화 선도국가로서의 대한민국을 널리 홍보할 예정이다.(정부 보도 자료)

❻의 취지는 단기 봉사단이 하게 될 두 가지 일을 제시하는 것이다. 하나는 'IT 교육을 통한 국가 간 정보격차 해소'이고, 다

른 하나는 '정보화 선도국가로서의 대한민국을 널리 홍보'하는 것이다. 이런 의미로 보면 앞의 요소가 명사구로 되어 있는 것이 문제이다. '정보격차 해소와'를 '정보격차를 해소하고'라고 하여 뒤의 '홍보할'과 형태를 일치시키는 것이 좋다.

❼ 해당 학교의 장이 위의 사항을 준수하지 않을 경우 차별받은 장애 학생의 진정 및 직권으로 국가인권위원회는 차별 내용을 조사한 후 해당 학교에 시정권고를 하게 되며(정부 보도 자료)

❼은 '진정'과 '직권'을 곧바로 나열함으로써 두 행위를 '차별받은 장애 학생'의 행위처럼 묘사했다. '진정'은 학생의 행위이고, '직권'은 국가인권위원회의 행위이므로 이것이 구별되도록 해야 한다. '차별받은 장애 학생의 진정 또는 국가인권위원회의 직권으로 차별 내용을 조사한 후'라고 하면 문제를 해결할 수 있다.

❽ 국민을 섬기는 정치, 국민 모두가 성공하는 희망 시대를 만들기 위해, 매일매일 수많은 사람들을 만나며 밤새워 의정 활동을 준비했습니다.(정치인 인사말)

❽은 '만드는' 대상으로 '국민을 섬기는 정치'와 '국민 모두가 성공하는 희망 시대'를 함께 나열했다. 이 두 요소는 나열할 것이

아니라 앞의 요소가 뒤 요소의 수단이 되도록 하는 것이 자연스럽다. '국민을 섬기는 정치로 국민 모두가 성공하는 시대를 만들기 위해'처럼 고치면 좋을 것 같다.

❾ 금융거래 채무불이행으로 종합신용정보집중기관에 <u>집중관리 및 활용되는</u> 자, 외국인 불법체류자, 건설 일용근로자로서 국민연금 가입 대상이 아닌 자와의 거래(정부 보도 자료)

❾의 '집중관리 및 활용되는 자'에서 '및' 앞뒤에 나열된 두 요소가 하나는 명사구이고 다른 하나는 동사로 서로 맞지 않는다. '집중관리되는 자'와 '활용되는 자'처럼 나열해야 한다. 그래도 '활용되는 자'의 의미를 파악하기 쉽지 않은 문제는 남는다.

❿ ○○공사 직원들은 위와 같은 사실을 알면서도 묵인해 주고 그 대가로 <u>자동차 구매대금 및 골프 여행</u> 등 <u>수천만 원 상당의 금품</u>을 수수한 사실이 일부 확인되어 강제 수사가 필요.(정부 위원회 의결문)

❿은 '자동차 구매대금'과 '골프 여행'을 나열했는데 이 둘이 어울리지 않고, '여행'과 '금품'도 어울리지 않는다. '골프 여행 경비'라고 고치면 된다.

아래 문장에서 나열하는 요소 사이에 호응이 되지 않은 것이 있으면 바로 잡아 보세요.

❶ 피신고자들은 정부부처 산하단체 간부들로, <u>연구비를 전용</u> 및 <u>법인 카드의 부당한 사적 집행</u>과, <u>연구물을 직접 연구하지도 않고 실제 연구한 것으로 보고하여 연구비를 지급받는 등</u> 부당한 방법으로 국가 출연금과 운영비를 집행한 부패 의혹이 있음(정부 위원회 의결문)

❷ 우리 정부는 4. 6 이탈리아 중동부 지방에서 발생한 지진과 관련하여 <u>지진 피해에 대한 위로</u> 및 <u>이탈리아의 조속한 피해 복구를 기원하는</u> 내용으로 4. 7 이탈리아 정부에 위로전을 발송하였습니다.(정부 보도 자료)

❸ 이제는 경제적으로 더욱 <u>넉넉해지는 것</u>과 더불어 <u>문화 강국</u>이 우리가 나가야 할 길입니다.(정치인 인사말)

❹ 무엇보다 정치인에게는 <u>국민의 뜻을 받들고</u> <u>감동 어린 꿈을 실현시켜 나감</u>으로써 <u>무한한 가치실현</u>과 <u>행복</u>을 안겨 주어야 할 책무가 있습니다. (정치인 인사말)

❺ 이를 위해 '<u>민주적이고</u> <u>시장경제 질서를 유지하면서</u> <u>비핵화되고</u> <u>주변국 모두와 친화적인</u> 통일 한국'을 만드는 정책 대안을 마련하는 일에 역량을 집중하겠습니다.(정치인 인사말)

❶ '및'과 쉼표로 나열된 요소 셋이 모두 형태가 일치하지 않았다. '연구비를 전용'은 목적어만 있고 서술어가 불구 상태('전용')의 절이고, '법인 카드의 부당한 사적 집행'은 명사구이며, 마지막 것은 주어와 서술어로 이루어진 절이다. 이렇게 다양한 형태의 요소를 '와/과'나 '및'으로 연결하여 나열하면 안 된다. 명사구나 명사절 형태로 나열하려면 <u>연구비 전용 및 법인 카드의 부당한 사적 집행, 연구비 부당 수령</u>'처럼 구성하여 나열해야 한다. 절 형태로 나열하려면 '<u>연구비를 전용하고, 법인 카드를 부당하게 사적으로 집행하고, 연구비를 부당하게 수령하는</u> 방법으로'처럼 구성하면 된다.

❷ '및'으로 연결한 두 요소 '<u>지진 피해에 대한 위로</u>'와 '<u>이탈리아의 조속한 피해 복구를 기원하는</u>'이 일치하지 않는다. '지진 피해에 대한 위로'와 '이탈리아의 조속한 피해 복구 기원을 내용으로 하는'으로 바꾸는 것이 좋다.

❸ 우리가 나아가야 할 길을 둘 제시한 문장인데 '<u>넉넉해지는 것</u>'과 '<u>문화 강국</u>'이 그것이다. 그런데 '넉넉해지는 것'과 '문화 강국'은 함께 나열할 수 있는 성질의 것이 아니다. '넉넉해지는 것'은 노력에 따라서 변화하는 것을 내용으로 하지만 '문화 강국'은 그 자체가 하나의 가치이다. 두 요소를 호응하도록 하려면 '<u>넉넉해지는 것</u>'과 '<u>문화 강국이 되는 것</u>' 정도로 고쳐야 한다. 다른 방법을 제시한다면 '<u>경제 강국</u>'과 '<u>문화 강국</u>'의 두 요소를 나열할 수도 있다.

❹ 두 번의 나열이 있다. 앞의 것은 '<u>국민의 뜻을 받들다</u>'와 '<u>꿈을 실현시켜 나가다</u>'를 어미 '-고'를 이용해서 나열한 이어진문장을 명사절로 만든 것으로 나열의 일치를 잘 이루었다. 그러나 뒤에 있는 '<u>가치 실현</u>'과 '<u>행복</u>'의 나열은 동작이 있는 명사구와 동작이 없는 명사의 나열로서 층위가 다른 두 요소를 나열한 것이다. 또, '행복'은 '안겨 주다'의 목적어가 될 수 있지만 '가치 실현'은 '안겨 주다'의 목적어가 되기에 부적절하다. '성공과 행복'이라고 하면 두 요소가 어울리고 '안겨 주다'의 목적어로서도 문제가 없게 된다.

❺ 여기에도 두 번의 나열이 있다. '<u>민주적이다</u>'와 '<u>시장경제 질서를 유지하</u>

다'가 나열되고, 다시 '비핵화되다'와 '주변국 모두와 친화적이다'가 나열되었는데 모두 어미 '-고'로 나열된 것이 특징이다. '민주적이고'와 '시장경제 질서를 유지하면서'는 퍽 어색한 나열이다. 어미 '-고'로 나열된 요소가 하나는 체언 서술어이고 다른 하나는 동사 서술어이기 때문이다. 어미 '-고'로 나열하려면 두 요소가 형태가 같은 서술어여야 한다.[*] '시장경제 질서를 유지하면서 민주적이고, 주변국 모두와 친하면서 비핵화된 통일 한국'처럼 구성하는 것이 좋다.

- 어미 '-고'로 연결되는 경우 '동-고-동', '형-고-형', '체-고-체'의 형태를 취해야 된다. '동-고-동'은 '달리고 헤엄치며'처럼 '-고' 앞뒤에 동사를 씀을 의미하고, '형-고-형'은 '기쁘고 즐거운'처럼 '-고' 앞뒤에 형용사를 씀을 의미하고, '체-고-체'는 '민주적이고 개방적인'처럼 '-고' 앞뒤에 체언 서술어를 써야 함을 의미한다. '-고' 앞뒤에 형용사와 명사를 혼용하면 두 요소 사이에 불일치가 일어난다.

5장

순화

이제까지 한국어를 바로 쓰는 데 필요한 여러 기본 조건을 알아보았다. 그러나 이런 조건을 알고 있다고 해서 한국어를 실용적으로 멋지게 사용할 수 있는 것은 아니라고 생각한다. 바르다는 것은 이런 언어 사용의 필요조건일 뿐 충분조건은 아니기 때문이다. 이제까지는 바른 언어와 관련해서 많은 이야기를 했으므로 이제부터는 실용적이고 멋진 한국어를 쓰고 싶다는 목표를 향해 노력한 나의 자취를 설명해 보겠다.

내가 '실용적으로 멋진 언어'라고 하는 것은 가장 실용성이 높은 언어를 의미한다. 즉, 필요한 정보를 필요한 사람이 가장 쉽고 정확하게 습득하게 해 주는 언어를 가리킨다. 이 생각은 내가 50여 년 전 대학교에서 국어 운동을 벌일 때부터 가졌던 것인데, 요즘은 이런 생각이 당연하게 느껴지겠지만, 그때만 해도 쉬운 언어는 조금 천박하다고 인식하는 사람들이 매우 많았다. 이에 대한 구체적인 이야기는 차츰 하기로 하고, 실용적인 언어에 대해서 설명하고자 한다. 언어에서 실용성이란 일반인이 일상적인 언어생활에서 자주 접하며 사용할 수 있는 상태를 의미한다. 예컨대 신문이나 잡지를 읽으려 할 때, 관공서에 가서 일을 볼 때, 공공기관에 글을 써서 제출할 때, 정부나 기업체 등에서 필요한 정보를 얻으려고 그들이 제공하는 자료를 읽을 때, 진학이나 취직을 위해서 여러 서류를 작성할 때, 판결문이나 행정 처분을 읽으려 할 때, 새로운 정보를 얻기 위해서 전문 서적을 읽으려 할 때 등 개인차는 있겠지만 나는 이런 모든 경우에 필요한 한국어를 실용적인 한국어로 보고, 여기에 사용된 언어가 쉽고, 간결하고, 정확하면 그 언어는 멋진 언어라고 보았다. 그래서 내가 그런 멋진 언어를 사용하는 사람이 되고자 노력한 경험을 나만의 비법쯤으로 생각하고 여기에 소개하려 한다. 본론으로 들어가기 전에 내가 실용적으로 멋진 언어의 조건으로 제시한 쉽고, 간결하고, 정확함의 정의를 먼저 내리고자 한다.

쉬운 언어　　어려운 한자어, 외국어를 쓰지 않을 것.

간결한 언어　　불필요하거나 무의미하거나 중복되지 않을 것.

정확한 언어　　논리적일 것, 명료할 것, 중의성을 피할 것.

에피소드 1 일본어 투 한자어에 대한 반감　나는 법학을 공부한 사람이다. 대학교 1학년 때는 법학 개론 등 개론서를 공부했고, 2학년 때부터 본격적으로 6법이라고 불렸던 민법, 상법, 형법, 행정법, 민사소송법, 형사소송법을 공부하기 시작했다. 그런데 당시의 법률 문장은 아직 일본어 법률 문장을 그대로 베낀 것이어서 거의 전부가 일본어 투였다. 따라서 자연히 법률 서적에도 그런 일본어 투의 문장이 범람하고 있었다. 법률 문장을 공부하면서 내가 부닥친 일차 관문이 내 한자 상식으로는 해석이 되지 않는 법률 문구를 이해하는 일이었다. 그런 것들은 대개 일본식 한자어에서 온 것들이었다. 그중에서 나를 가장 괴롭혔던 법률 문구가 두 개 있었는데, '차한에 부재한다'라는 형법 조문의 표현과 '위법성저각사유'라는 형법 용어였다. 당시는 한자로 쓸 수 있는 글자는 모두 한자를 써서 적었기 때문에 앞의 것은 '此限에 不在한다'로 적혀 있었고, 뒤의 것은 '違法性阻却事由'로 적혀 있었다. 안타깝게도 나는 이 문구과 용어를 2학년이 끝날 때까지 명료하게 이해하지 못했다. 물론 지금은 잘 알고 있다. 앞의 말은 '이 경우는 그렇지 않다'라는 뜻이고, 뒤의 말은 '위법성을 물리치는 사유'라고 풀어 볼 수 있다. 특히 '違法性阻却事由'는 사람에 따라서 '위법성조각사유'라고 읽기도 했다. 뜻은 매우 단순한데 이것을 일본 형법에 있는 대로 쓰고 보니 한국 젊은이가 읽고 이해하기에는 무척 어려운 말이 되고 만 것이다. 내가 법률 문장을 쉽고 간결하게 바꾸자고 국어 운동을 하게 된 배경에는 바로 이런 경험이 있었다. 또한 지금 실용적이고 멋진 언어의 조건으로 쉬운 언어를 내세우게 된 계기도 이 경험이다. 요즘의 법률 언어는 과거와 비교할 수 없을 정도로 좋아졌지만, 아직도 고쳐야 할 일본어 투 용어와 표현들이 많이 남아 있다.

에피소드 2 서울시의 '맘프러너' 소동 IMF(국제통화기금)의 구제 금융을 받아 1998년의 외환 위기를 가까스로 넘긴 대한민국은 정보화를 빠르게 진행하여 경제 부흥을 이룩했고, 이 과정에서 전 사회는 창업에 대한 열망으로 들끓었다. 이런 사회적 요구에 응하기 위해서 서울 시와 서울산업통상진흥원이 2008년 9월 '맘프러너 창업스쿨'을 개설하여 서울에 사는 주부들이 창업을 하는 데 도움을 주는 사업을 시작했다. '맘프러너'란 일부 영미권에서 새롭게 사용하던 경제 용어로, 'Mom(엄마)'과 'Entrepreneur(기업가)'를 합성하여 만든 신조어였다. 아마 '주부 사업가' 또는 '엄마 사장님'으로 해석될 수 있을 것이다. 당시는 미국발 금융 위기가 세계를 뒤덮고 있던 시점이어서 이런 사업을 서울 시가 벌인 것은 매우 적절해 보였다. 그래서 서울 시도 야심 차게 이 사업을 시작했을 것이다.

이 창업 스쿨은 주부들이 하고자 하는 사업에 따라서 상권의 현황, 성공 가능성, 필요한 기술이나 자본의 정도, 적절한 가게

위치, 회계 문제 등 주부 창업자들에게 직접적으로 필요한 정보를 제공하고 실제로 창업을 돕는 매우 유익한 제도였다. 그러나 서울 시가 주부들에게 '당신도 맘프러너가 될 수 어요!'라고 하면서 이 사업을 열심히 홍보했음에도 이 창업 스쿨의 도움을 받으려는 주부들은 전혀 몰려오지 않았다. 결국 이 사업은 좋은 설립 취지와 달리 국고만 축내다가 폐기되고 말았다.

문제는 서울 시가 홍보한 '맘프러너'가 당시 많은 주부들이 절실히 하고자 했던 창업을 도와 주는 제도라는 점을 인지하지 못했다는 데에 있었다. 주부들은 '맘프러너 창업 스쿨'이라는 이름에서 이곳이 자신들에게 유익한 곳이라는 점을 알아차리기 어려웠던 것이다. 이것은 서울 시가 이름을 어렵게 지어서 실패한 대표적인 사업의 하나였다. 이와 관련하여 국립국어원이 현대경제연구원에 의뢰해서 '맘프러너 창업 스쿨'의 작명 잘못으로 서울 시 주부들이 잃은 기회비용을 산출한 일이 있다. 즉, 사업 이름을 어렵게 하여 주부들이 이 창업 스쿨의 도움을 받을 기회를 놓치게 하여 주부들에게 얼마나 많은 기회와 이익을 잃게 만들었는지 조사한 것이다. 이 결과에 따르면 '맘프러너 창업 스쿨'을 '주부 창업 스쿨'처럼 쉬운 이름으로 바꿨다면 주부들의 참여도가 더 높아져서 연간 6만376명이 이 교육을 받았을 것이며, 이 교육을 놓쳐 상실한 비용은 연간 116억 원이었다. 그러니까 서울 시 주부 6만376명이 어려운 이름 때문에 이 교육의 혜택을 누리지 못했고, 그 손실액이 116억 원에 이른다는 말이다. 또한 이들이 교육을 받아 그 일부가 창업을 하여 얻을 경제적 생산액은 2,303억 원으로 추정되어, 사회적으로는 2,303억 원의 생산 손실이 발생했다고 한다.

서울 시나 국가 기관이 사용하는 언어를 공공언어라고 부른다. 서울 시의 '맘프러너 사업'은 당시 극에 달했던 공무원들의 영어 사대주의를 극명하게 보여 준 사례였고, 우리가 공공언어를 쉽게 쓰자고 강조한 가치를 경제적으로 증명해 주었다. 이후 정부는 국립국어원을 중심으로 공공언어를 진단하여 쉽게 바꿔 쓰는 노력을 진행하고 있으며, 그 성과도 조금씩 나타나고 있다.

1. 쉽고 평범하게

과거 우리 조상들은 이른바 '문자'라는 것을 쓰면서 조금 어렵게 쓰는 언어생활을 선호했다. '문자'란 한자어로 된 어려운 말을 의미했다. 그런 전통이 학자와 공무원들 사이에는 아직 폭넓게 유지되고 있고, 일부 일반인들도 이에 뇌동하여 남들이 모르는 외국어나 사전의 구석진 곳에서 찾아낸 한자, 중국 고전의 한 줄에서 따온 사자성어를 사용하기를 즐기는 것 같다. 그러나 지식과 정보를 조금이라도 빨리 많은 사람들에게 전해야 하는 이 시대에는 그런 언어생활이 국가와 사회의 발전을 더디게 하는 요인으로 작용할 수 있기 때문에 권장할 만한 것이 못 된다. 특히 대중을 상대로 하는 정치와 행정, 생산과 유통, 신문과 방송 등의 분야에서 쉽고 평범한 언어생활을 하지 않는 것은 대중의 이익을 배반하는 일이 될 수 있다. 그래서 쉽고 평범하게 쓰는 노력을 기울여야 한다. 쉽고 평범하게 쓰는 것이 언어 민주주의를 실현하는 길이기도 하고, 실용적으로도 유익한 일이다.

> ❶ 위와 같은 입법 취지에 비추어 볼 때 명의신탁의 목적에 조세 회피 목적이 포함되어 있지 않은 경우에만 위 조항 단서를 적용하여 증여의제로 의율할 수 없는 것이므로 다른 주된 목적과 아울러 조세 회피의 의도도 있었다고 인정되면 조세 회피의 목적이 없다고 할 수 없다.(대법원 판례)

❶에서 '증여의제로 의율할 수 없다'라는 표현을 일반인이 이해하기는 참 어려울 것이다. 어떤 이는 이 표현은 판검사나 변호사들이 이해하면 된다고 말할지도 모르겠으나, 이 표현의 궁극적인 적용자는 일반 시민이다. 따라서 일반 시민이 이해하기 어려운 말을 쓰는 것은 시민의 권리를 침해하는 행위일 수 있다. 그런 점에서 이 표현은 좀더 쉽게 고칠 필요가 있다. '의제擬制'나 '의율擬律'을 직접 우리말로 직역할 수도 있지만 애초에 '증여의제로 의율할 수 없다'라는 표현을 달리 쉽게 하도록 노력해야 한다.

'증여의제'란 증여는 아니지만 증여로 보는 것을 가리키는 말이다. 또 '의율'은 '법원이 법규를 구체적인 사건에 적용하는 일'을 가리킨다. 그렇다면 '증여 의제로 의율할 수 없다'는 '(법원이) 증여로 다룰 수 없다'와 같은 뜻일 것이다.

> ❷ 정부가 아파트 경비원과 수위를 위한다며 최저임금제를 확대 적용하자 주민은 경비원 수를 줄이고 있다. '약자를 위한 정부'라는 깃발을 펄럭이며 <u>정합성整合性 없는 정책</u>을 강행해 약자들의 삶만 더 힘들게 만든다.(일간 신문 사설)

❷의 '정합성'도 이 문장에서는 지나치게 어려운 한자어라고 할 수 있다. 이 말은 논리학에서 쓰는 말로 '무모순성無矛盾性', 곧 '모순이 없는 성질'을 가리키는 말이다. 여기서는 '앞뒤가 맞지 않는 정책' 또는 '모순되는 정책' 정도로 표현하는 편이 좋겠다.

> ❸ 따라서 이와 달리 이 사건 해고에 징계재량권에 관한 위법이 없다고 판단한 원심 판결에는 징계재량권에 관한 법리를 오해하여 판결 결과에 영향을 미친 위법이 있으므로, 이 점을 지적하는 <u>상고 이유의 주장은 이유 있다</u>.(대법원 판례)

❸에서 밑줄 친 '상고 이유의 주장은 이유 있다'라는 표현은

법률 전문가들이 통상적으로 하는 표현이기 때문에 그들 사이에서는 지극히 당연한 표현 방식으로 이해되겠지만, 일반인들에게는 무척 낯설고 당황스럽기까지 한 표현이다. '상고 이유의 주장은 이유가 있다.' 이게 무슨 말일까? 우선 '상고 이유'는 '상고인이 제시한 이유'를 가리킬 것이다. 뒤에 적힌 '이유 있다'는 '그럴 만한 이유가 있는 것으로 본다'의 뜻으로 짐작된다. 이를 쉽게 표현하면 '상고인의 주장을 인정한다'라고 할 수 있다. 이 표현이 '상고 이유의 주장은 이유 있다'라는 표현과 어느 정도 차이가 있는지 알 수 없어서 섣불리 말하기는 어렵지만, 어떻게 해서든 일반인에게 너무 낯선 표현은 쉽게 고쳐 사용해 주면 좋겠다.

❹ 이화는 세계적인 경쟁력을 갖는 연구의 <u>수월성</u>을 확립함과 동시에 인문적 가치에 바탕을 둔 인간적 품성을 갖추고 다문화적 소양과 국제적 역량을 지닌 세계 고등 시민으로서의 여성 지도자를 키워낼 것입니다.(대학교 총장 인사말)

❹의 '수월성'은 국립국어원의 표준국어대사전에 나오지 않을 정도로 궁벽한 낱말이다. 교육계에서는 이 말을 곧잘 사용하지만 일반 국민들에게는 무척 낯선 단어임이 틀림없다. '연구의 수월성을 확립함'은 아무리 좋게 생각해 주려고 해도 학자의 치기 어린 표현이라고 하지 않을 수 없다. '수월성' 대신에 '탁월성'이

라고 표현할 수도 있겠지만, 근본적으로 '연구의 탁월성을 확립함'이라는 말도 성립하기 어려운 신기루 같은 말이다. 이 예문은 단순히 현학적인 표현만 문제가 되는 것이 아니라 문장 구성도 학자가 썼다고 보기에는 참으로 어설프다. '이화'의 목표로 제시된 것을 엄밀히 검토해 보면 이들이 얼마나 무원칙하게 제시되었는지 알 수 있다. 아래 분석에서 ❹¹와 ❹²를 보자.

> 이화는
> ❹¹ 세계적인 경쟁력을 갖는 연구의 수월성을 확립한다
> ❹² 인문적 가치에 바탕을 둔 인간적 품성을 갖추고 다문화적 소양과 국제적 역량을 지닌 세계 고등 시민으로서의 여성 지도자를 키워낸다

❹¹에서 '확립'의 목적어가 '수월성'이다. 수월성을 확립한다는 말이 성립할 수 있을까? '수월성'은 '확립'의 목적어가 되기 어렵다. 마치 '탁월성을 확립한다'가 어설픈 것과 같다. '연구의 수월성'을 꾸미는 관형구 '세계적인 경쟁력을 갖는 연구'가 서로 겉돈다. 또, '수월성'을 수식하는 관형어 '세계적인 경쟁력을 갖는 연구'도 적절해 보이지 않는다. 어떤 연구가 세계적인 경쟁력을 가지는지, 그리고 그 연구의 수월성이 무슨 의미를 내포하는지 모호하기 짝이 없다.

❹² 는 더욱 어설프게 구성되어 있다. 이 부분은 '이화'가 어떤 여성 지도자를 키우려고 하는지 알려주는 목표이다. '여성 지도자'를 꾸미는 관형어로서 이를 알 수 있는데, 이 관형어들이 요령 없이 나열되어 있다. "인문적 가치에 바탕을 둔 인간적 품성을 갖추고, 다문화적 소양과 국제적 역량을 지닌" 여성 지도자를 키워 내겠다고 했는데, 여기에는 꾸밈 관계가 중첩되어 있다. 먼저 '인간적 품성'은 '인문적 가치에 바탕을 둔'이 수식하고 있다. 그다음 '소양'과 '역량'은 '다문화적'이라는 관형어가 수식하고, '역량'은 '국제적'이 수식하고 있다. 그런데 '인문적 가치에 바탕을 둔' 인간적 품성이 도대체 어떤 품성일까 생각해 보자. 참으로 난해한 말이다. '인간적'으로 '품성'을 꾸민 것도 그리 좋아 보이지 않는다. 인간에게 어떤 인간적 품성을 가지게 한다고 말할 필요가 있을까? 그냥 품성이라고 말하는 것이 좋았다. 만일 '인문학적 품성'이란 말을 쓸 수 있다면 그렇게 표현하는 것이 더 깔끔했을 듯하다. 그다음에 있는 '다문화적 소양'이나 '국제적 역량'도 모호한 표현이다. 이런 소양과 역량을 갖춘 사람을 세계 고등 시민이라고 할 수 있는지도 의문이다. 어떻든 이 문장으로는 '이화'의 청사진을 제시했다고 보기 어렵다.

아래 문장에서 어려운 한자어를 사용한 표현이 있으면 쉬운 말로 바꾸어 보세요.

❶ 법원이 보호관찰 대상자에게 특별히 부과할 수 있는 '재범의 기회나 충동을 줄 수 있는 장소에 출입하지 아니할 것'이라는 사항을 <u>만연히</u>(漫然히) 사회봉사 수강명령 대상자에게 부과하고(법원 판례)

❷ 토지에 정착되어 축사로 사용되고 있지만, <u>외기분단성</u>(外氣分斷性) 요건을 갖추지 못하여 등기가 되지 않는 개방형 한우 축사의 소유권 보존등기가 가능하도록 함.(정부 보도 자료)

❸ 이를 위해 저는 '지행합일(知行合一)의 <u>성찰적 전진</u>'을 올해의 화두로 삼고 싶습니다.(대학교 총장 인사말)

답

❶ '만연히'는 '일정한 목적 없이 되는대로', '아무렇게나'와 같은 뜻을 가진 부사이다. '보호관찰 대상자'에게 적용하는 규정을 '사회봉사 수강명령 대상자'에게 적용한 것이 잘못임을 지적하는 문장이다. 따라서 '만연히' 대신에 '임의로'나 또는 '자의적으로'를 쓰는 것이 더 적절할 것 같다.

❷ '외기분단성'은 '외기(外氣)를 차단하는 성질'의 의미를 가진 말일 것이므로, '외기분단성 요건을 갖추지 못하여'는 '외기 차단용 시설을 하지 않아'로 고치는 것이 더 좋겠다.

❸ '성찰적 전진'은 듣기에 있어 보이지만 내용이 없는 말이다. '성찰하는 전진'일까, '성찰이라는 전진'일까 알 수 없지만 그 의미도 얼른 이해되지 않는다. 여기에 '지행합일의'가 관형어로 붙어 이 말의 뜻을 더욱 모호하게 만들었다. '지행합일'이 곧 '성찰적 전진'이라는 뜻인지, '지행합일'에 '성찰적 전진'이 내포되어 있다는 뜻인지도 알 수 없다. 쉽고 간결하게 '지행합일을 화두로 삼고 싶다'라고 하면 좋을 것 같다.

아래 문장에서 줄 친 부분을 간결하게 고쳐 보세요.

근로장려세제란 저소득 근로자 가구에 근로소득 크기에 따라 산정된 근로
장려금을 연간 최대 120만원까지 지급하여 <u>근로유인을 제고하고</u> 생활안
정을 지원하는 제도임.(정부 보도 자료)

답

'근로 의욕을 북돋우고'로 고친다.

'근로유인을 제고하고'는 이해하기 쉽지 않은 표현이다. 여기에 두 가지 일상
적이지 않은 한자어가 들어 있기 때문이다. '근로유인'과 '제고'가 그것이다.
'근로유인'은 '근로할 마음을 끌어내는 인자'를 뜻하고, '제고'는 공무원이라면
입에 달고 말하는 낱말이지만 '높임'을 의미하는 한자어일 뿐, 여기에 전문적
인 뜻이 있지는 않다. 그렇다면 굳이 이런 단어를 공적으로 사용할 필요는
없을 것이다.

2. 간결하고 단순하게

말이나 글에는 꼭 들어가야 할 정보를 꼭 필요한 만큼 넣음으로써 불필요한 부분이 섞이지 않도록 노력해야 한다. 불필요한 정보가 많이 끼어들면 어느 것이 핵심 정보인지 분간하는 데 시간과 노력이 들 뿐 아니라 어떤 경우에는 핵심 정보보다 불필요한 정보에 관심이 쏠려서 엉뚱한 오해를 낳게 되기도 한다. 군더더기, 판에 박은 듯이 쓰는 표현, 반복적으로 하는 말을 줄이는 노력을 기울여야 한다.

▌ 관형어를 남용한 문장

관형어를 많이 쓰면 관형어에 관심이 팔리는 바람에 정작 중요한 대상인 명사를 놓치기 쉽다. 말하고자 하는 중요한 명사는 관형어의 맨 뒤에 나오기 때문이다. 따라서 관형어는 가능한 대로 줄이려는 노력이 필요하다. 관형어와 명사 사이의 거리가 멀면 멀수록 명사에 대한 관심이 떨어지게 된다는 점을 주의해야 한다.

> 그동안 환경부는 생명존중 정신을 바탕으로 지속가능한 녹색 국가 건설을 위한 발전 기반을 마련하는 한편, 건강하고 쾌적한 환경 조성, 국제 환경협력 강화, 국민이 참여하는 환경정의 구현을 위해 지속적으로 노력해왔습니다.(정치인 인사말)

위 예문에 쓰인 '지속가능한 녹색 국가 건설을 위한 발전 기반을 마련'은 관형어의 중첩으로 읽기에 숨이 막힐 지경이다. 중요한 대상은 '발전 기반'이다. 그리고 '발전 기반'을 꾸밀 관형어는 '녹색 국가 건설'이다. 사실 '발전 기반'이나 '녹색 국가 건설'에도 명사들이 서로 꾸미는 말과 꾸밈을 받는 말의 관계로 결합되어 있다. 그래서 '녹색 국가 건설을 위한 발전 기반'을 '녹색 국가 건설 기반'으로 줄일 수 있다. 관형어 '지속가능한'도 정치적으로 생각하지 않고 언어적으로 생각해 보면 새로운 의미를 제공하지 못하고 오히려 의미를 모호하게 하는 구실을 한다. '지속가능한'이라는 말은 영어 'sustainable'을 '지속가능한'으로 번역해서 사용한 것이다. 이 말은 풍력, 조력, 태양열처럼 지속적으로 사용할 수 있는 에너지를 가리킬 때에 사용하는 관형어이다. 그런데 이 말을 '에너지'가 아닌 '녹색 국가'를 꾸미게 했으니 '지속가능한 녹색 국가'가 어떤 국가일지 가늠이 되지 않는다. 어찌 보면 '지속가능한'과 '녹색 국가'에는 중복되는 개념이 있다고 볼 수 있다. '녹색'에 이미 '지속가능함'이 포함되기 때문이다. 따라서 밑줄 친 부분은 '녹색 국가 건설 기반을 마련하는'으로 확 줄여도 의미는 달라지지 않을 것 같다.

현재, 우리는 구시대적 대량생산체제를 뛰어넘는 정보통신 분야를 필두로 한 신경제체제New Economy의 대두와 FTA(자유무역협정) 체결을 통한 국경을 넘는 시장의 확대 및 무한경쟁체제로의 전환 등, 미증유의 새로운 경제체제를 맞이하여 개혁을 부르짖고 있습니다만, 우리에게 필요한 것은 개혁을 위한 개혁이 아니라 원칙 있는 개혁이라 믿습니다.(정치인 인사말)

위 예문은 태산명동泰山鳴動에 서일필鼠一匹이라는 속담을 생각하게 만든다. '원칙 있는 개혁'을 말하려고 앞에 엄청난 화두를 던진 것이다. 그런데 그 화두가 '원칙 있는 개혁'과 별로 연관되지 않아서 정치인의 수사로 치부하지 않을 수 없게 된다. 문장은 새로운 경제체제의 등장을 말하고 있는데, 그 전제가 되는 내용을 두 유형으로 나누어 제시하고 각 전제의 속성을 관형어로 제시했다. 그것을 정리하면 아래와 같다.

❶ 구시대적 대량생산체제를 뛰어넘는 정보통신 분야를 필두로 한 신경제체제New Economy의 대두
❷ FTA(자유무역협정) 체결을 통한 국경을 넘는 시장의 확대 및 무한경쟁체제로의 전환

위 두 전제가 새로운 '경제체제'의 등장이라고 말하기는 어려울 것이다. 같은 경제체제 안에서 새로운 경제 상황이 생긴 정도의 변화일 뿐이다. ❶은 '정보통신 분야를 필두로 한 신경제의 대

두'라고 하면 충분할 것 같다. 관형어 '구시대적 대량생산체제를 뛰어넘는'은 불필요하거나 오히려 오해의 소지가 있기 때문에 제거해야 한다. '신경제체제'에서 '체제'를 빼면 관형어가 하나 줄어들기도 하고 의미가 좀더 명확해진다. ❷는 논란의 여지가 있는 내용이다. '국경을 넘는 시장의 확대'는 국가 간의 자유무역협정 이전인 세계무역기구 체제 안에서도 진행되어 왔고, '무한경쟁체제'도 새롭게 나타난 현상이 아니기 때문이다. 따라서 ❷는 '국가 간 자유무역 체결을 통한 경쟁으로의 전환' 정도가 적절할 것 같다.

▌유형으로 굳어진 군더더기 제거

별다른 뜻은 없지만 관행적으로 쓰는 표현들이 있다. 이것들을 없애도 뜻을 전달하는 데에는 문제가 없는데도 말이다. 그런 불요불급한 표현은 군더더기에 지나지 않으니 제거하는 것이 좋겠다.

-다 할 것이다

종결 어미 '-다'로 말끔하게 끝맺을 수 있는 경우에도 특정 집단에서는 굳이 이 군더더기 표현을 붙이는 경우가 많다.

❶ 집행유예 취소에 관한 법리를 오해하고 그 판단 기준을 일탈함으로써 결정 결과에 영향을 미친 위법이 <u>있다고 할 것이다</u>.

❷ 원심의 이러한 사실 인정과 판단은 정당하고 거기에 채증법칙 위배나 법리 오해 등의 위법이 <u>없다 할 것이므로</u>

❸ 평균 매출액의 산정에 있어서도 부가가치세는 제외하는 것이 <u>타당하다 할 것이다.</u>

위 세 예문은 모두 대법원 판례에서 따온 것이다. '위법이 있다'와 '위법이 있다 할 것이다', '위법이 없다'와 '위법이 없다 할 것이다', '타당하다'와 '타당하다 할 것이다' 이 두 짝 사이에 의미 차이는 없다. 다만, 화자가 확실하게 말하는지 양보하는 의미를 내보이는지의 차이가 있을 뿐이다. 판결문이라면 오히려 확실하게 표현하는 것이 옳지 않을까?

이에/이를

지시대명사 '이'를 불필요하게 쓰는 경우가 많다.

❶ 위 첨부서류를 2009. 2. 9. 송달인의 주소로 송부하였으나 반송(수취인부재)되어 2009. 3. 13. 재송부하였으나 다시 반송(수취인부재)되었고 기존 전화 연락처로 계속 통화를 시도하였으나 연결되지 아니하여 「공정거래위원회 회의운영 및 사건절차 등에 관한 규칙」에 의하여 <u>이에</u> 공고합니다.(정부 서류)

❷ 조사 과정에서 드러난 일부 대리점들의 불공정 행위는 <u>이를</u> 시

정.(정부 보도 자료)

❸ 공공기관이 보유, 관리하는 정보는 공개 대상이 된다. 다만, 다음 각 호의 어느 하나에 해당하는 정보에 대하여는 이를 공개하지 아니할 수 있다.(법률 조문)

❶의 '이에'가 가리키는 대상이 분명히 제시되지 않았다. 따라서 불필요한 말이 되었다. 그냥 '「공정거래위원회 회의운영 및 사건절차 등에 관한 규칙」에 따라 공고합니다'라고 하는 편이 간결하다.

❷의 '이를'이 바로 앞의 대상을 가리키게 하는 것은 불필요한 반복이다. 그냥 '불공정 행위를 시정'이라고 표현하는 것이 더 깔끔하다.

❸의 '이를'도 요령부득한 표현이다. 군이 '어느 하나에 해당하는 정보에 대하여는'이라고 쓴 뒤에 '이를'을 써서 지시하는 것은 언어 낭비에 속한다. '어느 하나에 해당하는 정보는 공개하지 않을 수 있다'라고 하는 것이 좋다.

-아/-어 마지않다

'마지않다'는 보조 동사로 분류되는 단어로서 앞말의 뜻을 강조하기 위해서 사용한다. 다만 이 말은 '어떤 행동을 그만두거나 하지 않다'의 뜻을 가진 동사 '말다'의 부정법으로 만들어진 표현이기 때문에 부정의 의미가 아닌 강조의 의미로 쓰일 때에는 매우 권위적인 어감이 첨가되는 단점이 있다. 이는 화자의 처지에서는 좋을지 몰라도 청자의 처지에서는 매우 불쾌하거나 듣기 거북할 수 있다. 따라서 현대어에서는 이런 표현을 자제하는 편이 좋다고 생각한다.

❶ 끝으로 총친화의 대도에 내선일체의 구현으로 사변목적 달성에 어긋남이 없기를 <u>바라 마지않는 바이다</u>.(친일파 논설문)
❷ 번잡한 옛 의례에 따르는 고루固陋와 낭비가 빨리 시정되기를 <u>바라 마지않는 바입니다</u>.(대통령 담화문)
❸ 관리자는 이러한 식으로 계속 토론이 이어지기를 <u>바라 마지않는 바이다</u>.(교수 인사말)
❹ 기나긴 여정에 본 소식지가 고려대학교 구로병원의 발자취를 기록해 정리하고 우리가 갖고 있는 자산의 가치를 확대 재생산하는 메신저의 역할을 충실히 수행해주길 <u>기대해 마지않는 바입니다</u>.(대학교 총장 인사말)

위 여러 예문에서 보듯이 '마지 않다'는 주로 '바이다'와 한 짝으로 쓰인다. '바' 또한 군더더기이기 때문에 '마지 않는 바이다'는 이중 군더더기 표현이라고 말할 수 있다. ❶-❸의 '바라마지 않는 바이다/바입니다'는 모두 '바란다/바랍니다'로 고치면 좋고,

❹의 '기대해 마지않는 바입니다'는 '기대합니다'로 바꾸면 깔끔하다.

-어/-아 버리고 말다

보조 동사로 쓰이는 '버리다'는 앞말이 끝났음을 나타내기 위해 쓰인다. 이 말에는 돌이킬 수 없음을 나타내는 어감이나 아쉬움이 배어 있기도 하다. 즉, 이런 어감을 살리기 위해서 '버리다'를 쓰는 것이 보통이다. 따라서 이런 어감을 추가하지 못하고 습관적으로 쓰는 '버리다'는 문장에 별 도움이 되지 않는 군더더기가 되기 쉽다.

> 어머니가 죽고 난 후 소녀와 아버지는 할머니가 살던 집으로 거처를 옮기게 된다. 그러나 그곳에서 아버지마저 약물중독으로 세상을 떠나고 사실상 소녀는 고아가 <u>되어 버리고 만다</u>.(일간 신문 기사)

위 예문에서 '되어 버리고 만다'는 그냥 '되고 만다'로 해도 충분하다. 굳이 '버리다'를 쓸 필요가 없다는 말이다.

한편 '말다'도 보조 동사로서 앞말을 강조하는 경우에 쓰이는 말인데, 강조 의미가 사라진다면 이 말을 쓸 필요가 없어진다.

> 전국에서 입학하는 학생들 때문에 학생 대부분이 기숙사 생활을

하고, 방과 후에는 자신들이 가입한 동아리 활동을 하거나, 본인 스스로 자습을 해도 되고, 생태학습이라고 하여 1학년들은 텃밭을 가꾸기도 하고, 매년 5월 18일에는 광주 5·18 민주 묘역까지 도보로 행진하여 행사에 참여하기도 하고, 자연 체험학습으로 1학년은 3박4일 동안 지리산 등반과 2학년은 동학 유적지 답사를 하는 그 학교에 저는 금방 <u>반해 버리고 말았습니다</u>.(일간 신문 기사)

위 예문에 쓰인 '반해 버리고 말았습니다'는 '반해 버렸습니다'로 충분히 의미가 전달된다. 군이 '말다'를 추가한 효과가 없다는 말이다. 이처럼 습관적으로 쓰는 어구를 줄임으로써 간결한 문장에 한 걸음 가까이 다가갈 수 있음을 유념해 두자.

기타 군더더기

유형화할 수는 없지만, 군더더기 표현임이 분명한 것을 몇 개 예로 보이겠다.

❶ 그 어떤 공간이든 인간 이성남을 있는 그대로 솔직하게 <u>보여 드릴 수 있도록</u> 노력할 계획입니다.(정치인 인사말)

❷ 그래서 어느 정도 윤곽이 밝혀지고 거기에 대한 조치를 취할 때까지 현재 여행제한지역으로 또는 금지지역으로 지정되어 있는 곳으로의 해외여행은 당분간 자제해 주십사하는 것이 저의 오

늘 말씀의 요지라고 이해해 주시면 되겠습니다.(정부 브리핑)

❸ 특히 <u>선진국으로의 진입</u>을 문턱에 두고 원칙 없는 인기영합주의적 저성장, 분배 정책으로 말미암아, 우리 경제는 성장 동력을 잃은 채 방황하게 되었습니다.(정치인 인사말)

❶의 '보여드릴 수 있도록 노력할 계획입니다'는 '보여 드리겠습니다'로 쓰는 것이 좋다. 자기가 해야 할 일을 이렇게 장황하게 표현하면 그리 하지 않을 거라는 의심을 사기 쉽다.

❷의 '요지라고 이해해 주시면 되겠습니다'는 '요지입니다'로 바꾸면 훨씬 간결해진다. 사실 관계를 말할 때에는 명확하게 말하는 편이 언어의 신뢰감을 높이는 길이다.

❸에 쓰인 '선진국으로의 진입'은 그냥 '선진국 진입'으로 쓰는 것이 좋겠다. '으로의'가 군더더기이다.

❹ 의원을 운영하면서 투약하지도 않은 주사약제 및 주사료를 요양급여비용으로 청구하면서 <u>사실대로 청구하여야 하나</u>, 2004. 1. 경부터 같은 해 12.경까지 실제 투약한 사실이 없음에도 요양급여비용으로 청구하는 등의 방법으로 약 400만 원을 부당 청구한 사실이 있고,(정부 의결문)

❺ 사업자들이 공동으로 가격을 결정하거나 변경하는 행위는 그 범위 내에서 가격 경쟁을 감소시킴으로써 <u>그들의 의사에 따라</u>

어느 정도 자유로이 가격의 결정에 영향을 미치거나 미칠 우려가 있는 상태를 초래하게 되므로, 그와 같은 사업자들의 공동 행위는 특별한 사정이 없는 한 부당하다고 볼 수밖에 없다.(대법원 판례)

❻ 합참은 이번 훈련으로 평소에는 비행하지 않는 서울 및 수도권 상공에서 항공기 비행으로 인해 일시적인 소음이 발생할 수 있으므로 국민들의 양해와 협조를 당부하였다.(정부 보도 자료)

❹의 '사실대로 청구하여야 하나'는 너무나 당연한 말이어서 제거하는 것이 문맥상 더 자연스럽다.

❺에서는 '그들의 의사에 따라 어느 정도 자유로이'가 군더더기이다. 결과적으로 그들의 의사에 따라 가격에 영향을 미치겠지만 이 문장에서는 주어가 '변경하는 행위는'이므로 이 주어에 맞추어서 서술어를 구성해야 한다.

❻의 '평소에는 비행하지 않는'과 '항공기 비행으로'에 중복이 생겨 군더더기가 만들어졌다. 이 둘을 합하여 '이번 훈련 비행으로 서울 및 수도권 상공에 일시적인 소음이 발생할 수 있으므로'라고 고치면 좀더 간결한 문장이 된다.

▌ 동어반복 없애기

같은 의미를 가진 낱말이나 비슷한 표현을 연거푸 사용하는 것은 글을 쓰는 사람의 주의력이 산만함을 드러낸다. 좀더 단어에 관심을 가졌다면 같은 의미를 가진 말이나 표현을 재탕하지 않을 것이기 때문이다.

❶ 중대한 과실이 아닌 실화로 인하여 화재가 발생한 경우 이웃까지 불이 번진 연소延燒 피해.(정부 보도 자료)

❷ 차량 반입이 제한되면서 도로 곳곳에 차량이 밀리는 정체 현상이나 소음 공해, 자연 훼손 등의 부작용이 많이 줄어 섬 주민은 물론 관광객들에게도 도움을 주고 있다.(방송 보도)

❸ 저는 17대 총선에서 쓰라린 실패 경험을 겪은 바 있습니다. 기쁨과 고통을 국민과 함께 공유해야만 진정한 국민의 대표가 될 수 있음을 누구보다 잘 알고 있습니다.(정치인 인사말)

❹ 저는 '깨끗한 정치, 정직한 정치' 추진엔진에 가속을 가하려고 합니다.(정치인 인사말)

❶의 '불이 번진'과 '연소延燒' 사이에서 중복이 일어났다. 연소는 불이 옆으로 번짐을 의미하는 말이다. 우리가 흔히 쓰는 '연소燃燒'는 '불탐'을 가리킨다. 한자로 구별해야 하는 단어를 일부러 쓸 필요가 없지 않은가. 여기서는 그냥 '불이 번진 피해'라고 하면 된다.

❷에서는 '밀리는'과 '정체 현상' 사이에서 중복이 일어났다.

그냥 '차량 밀림'이라고 하거나 '차량 정체'라고 하면 된다.

❸에서는 '경험'과 '겪은' 사이에서 중복이 일어났다. '실패는 경험한 바' 또는 '실패를 겪은 바'로 고치면 된다. '함께'와 '공유해야만' 사이에서도 중복이 일어났다. '함께'를 삭제하면 된다.

❹에서는 '가속'과 '가하려고' 사이에서 중복이 일어났다. '가속을 하려고'로 바꾸어야 한다.

❺ 조선 후기에는 독살설에 휘말린 국왕들이 적지 않다. 여기에는 일정한 구조적 문제가 있다. <u>임금은 약하고 신하는 강한 '군약신강 君弱臣强'의 정치 구조이다.</u>(일간 신문 기사)

❻ 지금 우리 사회는 <u>미래를 대비하기 위한 준비과제들을</u> 많이 안고 있습니다.(정치인 인사말)

❼ 녹색국가 구현을 위해 날로 증가되는 환경위협에 현실감 있게 <u>대응할 수 있는 대응 체계</u>를 구축하고, 기후변화, 환경성 질환 등에 효과적으로 <u>대응할 수 있는 대응 체계</u>를 마련하며, 지구적 환경문제를 해결하기 위해 환경외교를 강화해 나갈 것입니다.(정치인 인사말)

❺의 밑줄 친 부분은 우리말로 쉽게 쓰고 그것을 한문구로 재탕하는 방식을 사용한 문장이다. 한문으로 된 문구를 쓰지 않고 그냥 '임금은 약하고 신하는 강한 정치 구조이다'라고 하면 되는

데 굳이 한문구를 쓴 것은 현학적인 태도라고 할 수 있다. 현대인들은 이런 언어 습관을 버려야 한다.

❻의 '미래를 대비하기 위한 준비 과제들'에는 중복이 있다. '대비하기 위한 준비'가 그것이다. 이것은 '미래를 대비하기 위한 과제들'로 쓰면 중복을 피할 수 있다.

❼에도 반복 표현이 있다. '대응할 수 있는 대응 체계'가 반복 표현이다. '대응할 수 있는 체계'라고 하면 된다. '환경위협'에 대응하는 것이나, '기후변화, 환경성 질환'에 대응하는 것이나 대응의 대상이므로 하나로 통합하면 더 간결해진다. '날로 증가되는 환경위협, 기후변화, 환경성 질환 등에 효과적으로 대응할 수 있는 체계'로 하면 된다.

아래 문장에서 중복이나 동어반복이 없도록 문장을 다시 써 보세요.

이곳은 지식경제부 소속 공공기관이 <u>업무 혁신에 대해 모범적인 사례를 소개함으로써 함께하는 혁신이 될 수 있도록</u> 업무 혁신 모범 사례를 공유하는 곳입니다.

답

위 문장은 아래 두 가지로 다듬을 수 있다.

고친 문장 ❶ 이곳은 지식경제부 소속 공공기관의 업무 혁신 모범 사례를 공유하는 곳입니다.
고친 문장 ❷ 이곳은 지식경제부 소속 공공기관이 업무 혁신에 도움을 받도록 혁신 모범 사례를 공유하는 곳입니다.

▌불필요한 설명 없애기

자기는 필요하고 중요하다고 생각해서 썼는데, 읽는 사람이 보면 이미 알고 있는 사실이거나 당연하여 굳이 쓰지 않아도 되는 내용으로 보이는 경우가 있다.

> 지식을 파편화시키고 자신의 분야 밖에서는 소통할 수 없는 전문가를 양성하는 것이 아니라 단편적인 지식이나 전공에 얽매이지 않고 폭넓은 인문적 역량을 통해 문제를 해결해 낼 수 있는, 단순한 배움을 넘어서서 스스로 창조해 낼 줄 아는 인재를 키우는 것이 대학의 경쟁력, 나아가서는 국가의 경쟁력을 높이는 길입니다.(대학교 총장 인사말)

위 예문은 어떤 인재를 양성하는지 설명하는 문장인데, 부정적인 내용으로 예시한 '지식을 파편화시키고'와 '단편적인 지식'과 '단순한 배움'의 셋은 특정한 상황을 염두에 둔 표현이어서 동어반복 같은 느낌을 준다. 이 문장을 아래와 같이 바꾸면 어떨까?

> **고친 문장** 단편적인 지식이나 전공에 얽매이지 않고 폭넓은 인문적 역량을 통해 문제를 해결하고, 스스로 창조해 낼 줄 아는 인재를 키우는 것이 대학의 경쟁력, 나아가서는 국가의 경쟁력을 높이는 길입니다.

물론 상황에 따라서 어떤 부분을 강조하기 위해서 다양한 관형어를 동원하거나 관형절을 동원하거나 아예 독립절을 활용하여 반복적인 표현을 하는 경우가 있을 수 있다. 그러나 여기서는 가능하면 간결하고 단순하게 표현하는 것을 미덕으로 삼고 있음을 이해해 주기 바란다.

> 지방자치단체의 지하차도 신축이음 보수공사에 사용할 도로봉합제를 <u>납품하면서</u>, 관급자재로 납품하기 위해서는 「중소기업 진흥 및 제품 구매 촉진에 관한 법률 시행령」 등에 의해 <u>국내에서 직접 생산하여 납품하여야 함에도</u> 값싼 미국산 도로봉합제를 수입하여 국내산으로 속여 납품하고 2억 원 상당의 공공예산을 편취한 부패 의혹이 있음.(정부 위원회 결정문)

위 예문에서는 '납품하면서, 납품하기 위해서는⋯⋯생산하여 납품하여야 함에도'처럼 구성되어 '납품'이 반복된다. 특히 수입산과 국내산의 문제인데 이를 마치 납품 회사가 직접 생산자이기를 요구하는 것처럼 문장의 핵심 의미를 모호하게 만들었다. 아래와 같이 간결하게 만들 수 있었을 것이다.

> **고친 문장** 지방자치단체의 지하차도 신축이음 보수공사에 사용할 도로봉합제를 <u>납품하면서</u>, 「중소기업 진흥 및 제품 구매 촉진에 관

한 법률 시행령」 등에 따라서 국내산을 납품하여야 함에도 값싼 미국산 도로봉합제를 수입하여 국내산으로 속여 납품하고 2억 원 상당의 공공예산을 편취한 부패 의혹이 있음.

아래 문장은 한 정치인이 자신의 업적을 돋보이게 하려고 여러 가지를 자랑한 것인데, 그 수준이 놀랍다. 꼭 필요한 것과 그렇지 않은 것을 구별하여 간결하게 표현하는 것이 그의 정치 능력을 돋보이게 하지 않을까 생각한다.

저는 서울 돈암초등학교, 경기 중, 고등학교를 거쳐, 서울대학교 경제학과를 1973년에 졸업하였고, 제17회 행정고시를 통해 관계에 입문하였습니다. 구재무부의 주요 직책과 재정경제부 금융정책국장, 금융감독위원회 상임위원, 금융감독원 감사 등의 자리를 역임하면서 줄곧 경제 관료로서 봉직해 왔던 저는 28년간의 공직 생활을 마감하면서 정계에 입문하여 제17대 국회의원으로서 제 역할을 다하고자 노력하고 있습니다.(정치인 인사말)

위 예문은 국회의원으로 당선된 사람이 앞으로 국회의원으로서 역할을 하겠다는 다짐을 하면서 앞에 길게 자기가 걸어온 길을 자랑스럽게 나열한 것이다. 왜 이렇게 자기의 과거 이야기를 구구절절이 나열했을까? 아마 국회의원으로서 자기가 하고자 하는 일이 딱히 없기 때문일 것이다. 그가 국회의원으로서 특별히 하고자 하는 일이 있었다면 분명히 경제 관료 경험일 것이다. 그렇다면 그 경험만 간략하게 소개하고 국회의원의 포부를 밝히는 것이 옳았을 것 같다. 아래와 같은 문장으로 인사하면 어땠을까?

> **고친 문장** 저는 재정경제부 금융정책국장, 금융감독위원회 상임위원, 금융감독원 감사 등 28년간 줄곧 경제 관료로서 봉직해 온 경험을 살려 국회의원으로서 제 역할을 다하고자 노력하고 있습니다.

3. 정확하고 명료하게

문장이 문법적으로 제대로 구성되었다고 하더라도 의미가 명료하게 드러나지 않는다면 좋은 문장이라고 할 수 없다. 물론 명료하다는 것은 사람에 따라서 편차가 있을 수 있지만, 좀처럼 쉽게 이해할 수 없게 구성된 문장은 명료하게 다듬어야 한다. 의미가 명료하게 드러나지 않는 이유에는 여러 가지가 있다. 그 가운데에서 몇 가지를 제시한다.

▌수식어가 모호한 문장

수식어의 내용이 모호하면 문장의 의미도 모호해지는 경우가 있다.

> 남녀평등으로 함께 가는 세상, 그곳엔 성희롱이 없습니다!(정부 포
> 스터 문장)

위 예문의 '남녀평등으로 함께 가는 세상'의 표현이 어떤 세상
인지 모호하다. '남녀가 평등한 세상'인지, '남녀가 평등해지도록
노력하는 세상'인지, '남녀평등이 이루어져 남녀가 함께 가는 세
상'인지 모호하다. 성희롱은 남녀가 불평등하기 때문에 일어난
다는 의미를 가졌다고 본다면, 이 문장은 아래와 같이 고치면 좋
을 것 같다.

고친 문장 남녀가 평등한 세상에는 성희롱이 없습니다!

▌중의성이 있는 문장

이렇게도 해석할 수 있고, 저렇게도 해석할 수 있는 문장을 중의
성이 있다고 말한다. 예를 들면 '나는 동생과 어머니를 만나러 갔
다'라는 문장에서 내가 만난 사람이 어머니 한 사람인지, 동생과
어머니 두 사람인지 명확하지 않다. 맥락에 따라서 달리 해석할
수 있는 것이다. 대개 종교 교리를 말하는 문장, 법률 문장, 철학
적인 문장에서 자주 등장하는데, 이런 문장은 그 해석의 잘잘못

으로 인한 피해가 클 수 있으므로 자제해야 마땅함에도 오히려 이를 장려하고, 교리 해설자, 판검사나 변호사, 이론가 등이 그 해석의 권위를 추구함으로써 명망을 얻는 일이 벌어진다. 그러나 최소한 실용문, 특히 공문서나 행정 문서에서는 중의성을 최소화하도록 노력해야 한다.

> 내가 진실로 너희에게 이르노니 누구든지 하나님의 나라를 <u>어린아이와 같이</u> 받아들이지 않는 자는 결단코 거기 들어가지 못하리라 하시니라.(개역개정 성서 「누가복음」 18장 17절)

위 예문의 '어린아이와 같이'는 '어린아이처럼'의 의미와 '어린아이와 함께'의 의미를 가진다. 어느 쪽으로 이해하느냐에 따라서 문장의 의미가 사뭇 달라진다. 만일 '하나님 나라를 어린아이처럼 받아들이지 않는 자'라고 하면 '어린아이를 받아들이지 않은 것처럼 하나님 나라를 받아들이지 않는 자'의 의미로 해석될 것이다. 또, 만일 '어린아이와 함께'로 이해한다면 '하나님 나라를 어린아이와 함께 받아들이지 않는 자'가 되어 '하나님 나라와 어린아이를 모두 받아들이지 않는 자'의 의미가 된다. 이런 경우에는 앞뒤 맥락에 따라서 해석해야 한다. 이 문장은 성서의 바로 앞 구절에서 어린아이를 데리고 온 추종자들을 제자들이 꾸짖는 것을 본 예수가 제자들을 꾸짖으며 '어린아이들이 내게 오는 것을 용납하고 금하지 말라. 하나님의 나라가 <u>이런 자</u>의 것이니라'라고 말한 뒤에 제자들에게 덧붙인 말임을 고려해야 한다. 즉, '이런 자'가 가리키는 품성에 주목해야 한다는 말이 된다. 그렇다면 이 문장은 아래와 같이 명료하게 적을 수 있다.

> **고친 문장** 내가 진실로 너희에게 이르노니 어린아이를 거부한 것처럼 하나님 나라를 받아들이지 않는 자는 결단코 거기 들어가지 못하리라 하시니라.

▌ 내용이 모호한 문장

내용이 모호해지는 경우는 대체로 단어를 정확하게 쓰지 않거나 명확하게 개념을 정하지 않고 쓸 때에 발생한다. 특히 이상한 용어를 남발하여 의미를 혼란스럽게 만드는 경우가 많다. 아래의 예를 살펴보자.

> <u>창조적 사고</u>는 통찰을 서로 주고받는 데서 나옵니다. 통합적인 이해는 지식을 변형시키고, 변형된 사고는 서로 다른 분야를 연결하여 특정 영역에 치우친 사고보다 더 가치 있는 <u>통찰</u>을 낳게 됩니다.(대학교 총장 인사말)

위 문장에는 '창조적 사고', '통찰', '통찰적인 이해', '지식을 변형시킨다', '변형된 사고', '가치 있는 통찰' 같은 고급 어구가 많이 사용되었다. 그런데 많은 독자는 이 문장의 의미를 파악하기에 곤란을 겪는다. 고급 어구가 서로 관련되지 못하고 따로 놀기 때문이다. 거칠게 말한다면 '창조적 사고가 더 가치 있는 통찰을 낳는다'라고 말할 수 있을 것 같은데, 많은 어구가 이 방향으로 향하지 않고 있어서 문장과 문장이 따로 노는 느낌이 든다. 창조적 사고와 통합적 이해는 어떤 관계로 설정해서 여기에 함께 사용했는지 알 수 없다. 창조적 사고에서 나오는 통찰과 통합적 이해에서 나오는 통찰은 서로 같은지 다른지 알 수 없다. 그래서 글의 맥락을 따라가며 글의 내용을 이해하는 일이 어려운 문장이 되었다. 이런 모호한 문장은 별 내용은 없지만 무엇인가 깊은 의미를 가진 듯 대접을 받는 일이 자주 일어난다.

아래 문장을 읽고 의미가 더 명료해지도록 고쳐 보세요.

❶ 여당은 환란을 겪을수록 나라가 더 융성한다며 경제 위기 극복을 위한 속도전을 강조해 민생법안 처리 의지를 담았습니다.(방송 뉴스)

❷ 국가 지도자들부터 국가적 당면 과제 실현을 위해서는 언제든 국력을 결집할 수 있어야 한다.(일간 신문 사설)

❸ 새로운 대한민국, 새로운 하남 시는 우리 모두가 강물 같은 자유와 균형된 평등을 누리며 발전하는 나라, 쾌적한 삶을 구가할 수 있는 하남 공동체를 만들어 가는 것이 제가 꿈꾸는 세상입니다.(정치인 인사말)

길잡이

❶ '경제 위기 극복을 위한 속도전을 강조해 민생법안 처리 의지를 담았습니다' 부분에 문제가 있어서 의미가 잘 드러나지 않는다. '강조해'는 '강조하여'의 준말인데, 여기에는 연결 어미 '-어'가 들어 있다. 연결 어미 '-어'는 앞의 행위가 일어나서 뒤의 행위의 계기가 되었거나, 앞의 행위가 뒤의 행위의 이유가 됨을 나타내는 기능을 하는데, 이 문장에서는 그런 기능을 하지 않아서 문장이 어색해졌다. '민생법안 처리 의지를 담았습니다'는 '경제 위기 극복을 위한 속도전을 강조함' 속에 그런 의지가 담겨 있다는 의미를 나타낸다고 볼 수 있다. 그래서 '의지를 담았습니다'라고 하기보다는 '의지를 내보였습니다'처럼 구성하는 것이 좋겠다.

❷ '국가 지도자들부터'라고 시작했으면 이들이 일반인들보다 먼저 솔선수
범해야 함을 암시하는 문장이라고 볼 수 있는데, 이들이 '국력을 결집할
수 있어야'라고 하는 것은 논리적으로 맥락이 맞지 않다.

❸ '새로운 대한민국, 새로운 하남 시'는 어떤 상태인지 제시할 것 같은 문장
인데, 뒤에는 자기의 꿈을 이야기하는 것으로 흘렀다. 논리적으로 호응하
지 못한 문장이다. '새로운 대한민국, 새로운 하남 시'를 설명하는 문장과
자신이 꿈꾸는 세상을 별개의 문장으로 구성하는 것이 좋겠다. 아니면 자
신이 꿈꾸는 세상이 '새로운 대한민국, 새로운 하남 시'임을 드러내도록
구성하는 것도 좋겠다.

답(권장)

❶ 여당은 환란을 겪고 나면 나라가 더 융성해진다며, 민생법안을 빨리 처리
하여 경제 위기를 극복하겠다는 의지를 보였습니다.

❷ 국가 지도자들부터 국가적 당면 과제 실현을 위해서는 언제든 힘을 결집
할 수 있어야 한다.

❸ 강물 같은 자유와 균형된 평등을 누릴 수 있는 대한민국, 쾌적한 삶을 구
가할 수 있는 하남 공동체를 만들어 가는 것이 제 꿈입니다.

4. 기피하면 좋을 표현

모든 언어에는 그 언어 나름의 원리, 곧 문법이 있다. 한국어에도 한국어다운 문법이 있다. 그러므로 한국어를 하는 사람은 한국어 문법에 맞게 말하고 글을 써야 한다. 그런데 한국어를 하면서 영어 투, 일본어 투 같은 어투를 사용한다면 한국어 질서를 망가뜨릴 수 있다. 그래서 외국어 투를 버리고 한국어 문법에 맞게 언어생활을 하도록 유도해야 한다. 물론 외국어 투라고 해서 다 버려야 하는 것은 아니다. 한국어 표현을 보완해 주는 것이라면 마땅히 받아들여 한국어 표현법을 풍부하게 만드는 데 활용해야 할 것이다. 여기에서는 한국어를 어지럽히는 언어 사용에 대해서 문제를 제기해 보려고 한다.

을 갖다/가지다

'갖다'는 '가지다'의 준말로서 '몸에 지니다'와 '자기 것으로 하다'를 기본 의미로 삼고, '거느리다, 모시다, 두다' 같은 의미로 확장되어 사용된다. 그런데 최근에 이 말이 '하다'와 같은 의미로 사용되고 있다. 전통적인 '갖다'의 의미 외에 새로운 의미를 가진 단어로 태어나고 있는 것이다. 이래도 괜찮을까?

❶ 한, 일 양국 정상이 23일 <u>전화 통화를 갖고</u> 여수 세계박람회와

북한 핵 문제 등 공동 관심사에 관해 의견을 교환했습니다.(방송 뉴스)

❷ 민주노총은 21일 전국 이랜드 계열 매장 앞에서 연행 조합원 석방 등을 요구하는 집회를 갖고 27일까지 '이랜드 매출 제로 투쟁'을 벌이겠다고 했다.(일간 신문 사설)

❸ 국세청은 이번 간담회를 통해 조세조약상 교사, 교수의 면세요건 및 면세요건 미해당시 과세방법 등을 유형별, 사안별로 설명하고 질의응답 시간을 갖는다.(정부 보도 자료)

위 예문에서 '전화 통화, 집회, 시간' 같은 것들이 모두 '가지다/갖다'의 목적어로 사용되고 있다. 요즘은 이런 표현이 워낙 대세라 문제로 지적하기도 민망하다. 특히 ❷의 쓰임은 표준국어대사전에 용례로 제시되어 있으니 여기서 내가 새삼스럽게 말릴 수는 없게 되었다. 그러나 '전화 통화를 가지다'는 지나친 느낌이 든다. '전화 통화를 하여' 또는 '전화 통화로'처럼 쓰면 더 좋지 않을까.

에 의해

이 구문은 영어의 피동문을 직역할 때에 사용하는 것인데 요즘은 한국어를 표현하는 데 쓰는 사람이 많아졌다. 그러나 한국어 표현이 따로 있으면 그 표현을 따르는 것이 좋지 않을까?

❶ 탈레반을 자처하는 아프가니스탄 무장 세력에 의해 인질로 잡힌 한국인 23명 중 한 명이 우리 시각으로 어젯밤 살해됐다고 한다.(일간 신문 사설)

❷ 한국 중국 필리핀 등 일제에 의해 피해를 본 국가들과 과거사 문제를 깨끗이 해결하지 않고서는 일본이 새로운 미래로 나아갈 수 없다는 사실을 직시해야 한다.(일간 신문 사설)

❶의 '무장 세력에 의해 인질로 잡힌'은 '무장 세력이 인질로 잡은' 또는 '무장 세력에게 인질로 잡힌'처럼 구성하는 것이 한국어다운 표현이다.

❷ '일제에 의해 피해를 본'은 '일제에 피해를 당한'으로 바꾸는 것이 좋다. 굳이 피동 표현을 쓸 이유가 없기 때문이다.

에 있어

'에 있어'의 '있다'는 아무 기능을 수행하지 않는다. 다시 말하면 존재와 관련이 없다. 대개 무엇을 할 때 또는 어떤 경우를 나타내고자 할 때에 이 표현을 사용하는데, 일본어에 무의식적으로 노출된 결과이다. 여기에는 명확한 의미를 제시해 주지 못하는 단점이 있다.

❶ 법원은 특별 준수 사항을 부과함에 있어 대상자의 생활력, 심신

의 상태, 범죄 또는 비행의 동기, 거주지의 환경 등 대상자의 특성을 고려하여 대상자가 준수할 수 있다고 인정되고(대법원 판례)

❷ 법원은 판결의 선고를 함에 있어서 제2항의 준수 사항 외에 대통령령이 정하는 범위 안에서 본인의 특성 등을 고려하여 특별히 준수하여야 할 사항을 따로 과할 수 있다.(법률 문장)

❸ 라인펠트 스웨덴 총리는 그간 양국이 가치를 공유하여 주요 국제 문제에 있어 공동의 입장을 견지해 온 점을 평가하고, 앞으로 양자 차원에서뿐만 아니라 국제 무대에서도 양국 간 협력의 가능성이 매우 크다는 점을 강조하면서 상호 호혜적인 관계 발전에 대한 기대를 표명하였습니다.(정부 브리핑)

❹ 우선 현재 각국이 다양한 경기 부양책을 펼치고 있는데 경기 부양책을 실천함에 있어 타이밍, 규모, 내용 등을 어느 정도 공조하면 훨씬 더 큰 효과를 얻을 수 있지 않겠느냐 하는 것이 한 가지 포인트였습니다.(정부브리핑, 2009. 3. 11)

❶에서 '부과함에 있어'는 '부과할 때에'로 바꿀 수 있다. ❷에서 '선고를 함에 있어서'는 '선고를 하는 경우에'로 바꿀 수 있다. ❸의 '국제 문제에 있어'는 '국제 문제에'로 바꿀 수 있다. ❹의 '경기 부양책을 실천함에 있어'는 '경기 부양책을 실천할 때에'로 바꿀 수 있다. 사실 '에 있어'는 일본어 직역 투 어구이다. 따라서 특별한 뜻이 없이 습관적으로 쓰는 이 어구는 쓰지 않는 것이 좋겠다.

에 다름이 아니다

이 표현도 국어의 구문에 맞지 않다. 현대 한국어에서 '다르다'는 필수 부사어를 동반하는 서술어인데, 필수 부사어와 서술어의 구성으로 '무엇과 다르다'처럼 쓰인다. 그러므로 '에 다름'을 '과 다름'으로 바꾸어야 한다. 그리고 그렇다고 해서 '무엇과 다름이 아니다'라고 쓸 수도 없으니 '무엇과 다르지 않다' 또는 긍정 표현으로 '무엇이다'라고 표현을 바꾸는 것이 좋다.

> 집행유예의 취소는 자유형의 선고와 마찬가지로 자유를 박탈하는 결과를 가져올 뿐만 아니라 사회봉사 수강명령의 실패에 다름 아니기 때문에 이는 사회봉사 수강명령의 목적을 도저히 달성할 수 없을 정도에 이르렀다고 판단될 때에 하여야 함이 바람직하다.(대법원 판례)

위 예문에서 '실패에 다름 아니기 때문에'를 '실패와 다르지 않기 때문에' 또는 '실패로 보이기 때문에'라고 쓰면 좋겠다.

을 필요로 하다

'필요로 하다'는 '필요하다'라는 형용사를 동사적으로 쓰기 위해서 만든 말이다. 전통적으로 한국어에서는 '나는 네가 필요하다'처럼 형용사 서술어를 이용해 왔는데, 근래에 영어를 번역하는 과정에서 동사 서술어의 필요성을 느끼면서 이런 표현이 등장하게 되었다. 한국어 구문에서는 무척 낯선 표현이므로 한국어에 맞는 구문으로 바꾸어서 표현하는 것이 좋겠다.

❶ 최근의 세계적 흐름인 융합적이고 통섭적인 유비쿼터스 시대에 <u>필요로 하는</u> 문화산업 전문 인력의 유형 확립과 수급 전망에 대한 체계적인 분석을 통해, 음악, 공연, 게임, 첨단영상, 에듀테인먼트 등 각 부문별 중장기 소요 인력에 대한 육성 전략과 활용 방안을 제시하게 된다.(정부 보도 자료)

❷ <u>저를 필요로 하는</u> 곳이라면 어디든지 가겠습니다.(정치인 인사말)

❶의 '필요로 하는'은 단순히 '필요한'으로 바꾸는 것이 좋다. ❷의 '저를 필요로 하는'은 '제가 필요한'으로 고쳐도 무방할 것 같다. 이 경우에 중의성 문제가 일어날 수는 있다. 누가 필요하다고 느끼는지가 명확하지 않기 때문이다. 중의성을 피하기 위해서는 '저를 원하는 곳이면'으로 바꾸는 것도 좋겠다.

6장

퇴고

말이나 글은 짧고 핵심이 잘 드러나는 것을 전제로 하여 짧고 간결할수록 좋다. 말 욕심이 많은 사람은 어떤 주제에 대해서 말하기 시작하면 중요하든 중요하지 않든 꼬리에 꼬리를 물고 생각이 나는 대로 말하다가 결국은 주제와 전혀 관련이 없는 말을 하면서 자기 말에 열을 내고 흥분하기도 한다. 이런 말에는 자기의 과거 경험이 시시콜콜한 것까지 빠지지 않는다. 그런 말을 듣는 사람의 기분은 전혀 아랑곳하지 않고 자기가 하고 싶은 말을 다 하는 것이다. 이런 사람을 젊은이들은 '꼰대'라고 부른다.

그런데 글쓰기에서도 이런 '꼰대' 행태를 보이는 글 욕심쟁이가 있다. 글을 제멋에 겨워서 이런저런 사자성어까지 써 가면서 현학적인 글을 쓰는 사람이 그런 사람이다. 이런 사람은 대개 주제를 중요시하지 않고, 어디서 읽거나 배운 멋진 단어나 어구를 섞어 쓰는 데 집중한다. 그러니 글의 핵심을 드러내기 위한 논리적 글쓰기보다는 여기저기서 주워들은 그럴듯한 낱말이나 어구를 써서 글의 멋을 내려고 노력한다. 대개 이런 글은 앞뒤 연결이 되지 않고 상황에 맞지 않은 수식어가 남용되는 경우가 많다. 이런 경우는 글을 써 본 많은 사람이 경험해 보았을 것이다. 우리가 글을 공표하기 전에 퇴고를 거치는 이유가 바로 여기에 있다. 퇴고하는 과정에서 우리는 멋을 부리기 위해서 불필요하게 섞어 쓴 사자성어나 현학적인 표현을 걸러내고, 주제와 관련이 적은 문장을 없애 글의 완성도를 높일 수 있다. 나는 여기서 우리가 퇴고할 때에 쉽게 적용할 원칙 세 가지를 제시할 예정이다. 퇴고 과정에서 주의해야 할 일이 많이 있지만, 글을 쉽고 간결하고 명료하게 만들어 주는 방법들을 제시하려는 것이다.

1. 너무 긴 관형어를 줄이자

관형어는 뒤에 오는 명사나 대명사의 범위를 제한하는 기능을 하기 때문에 막연한 명사나 대명사의 실체를 아주 확실히 만드는 구실을 한다. '사람' 앞에 관형어 '내가 어제 극장에서 만난'이라는 관형어를 붙여 주면 수많은 사람 중에서 어떤 사람이 특정될 수 있다. '그가 여자를 만나고 있다'에서 '여자' 앞에 '키가 크고 날씬한'이라는 관형어를 붙이면 그 여자의 실제 모습을 좀더 확실하게 해 주는 효과가 있다. 이처럼 관형어는 글에서 꼭 필요한 성분이지만 욕심이 과하여 많은 관형어를 붙이면 명사를 특정하는 효과는 별로 나지 않고 오히려 글이 장황하고 번잡하여 지루한 글이 될 확률이 높아진다. 따라서 관형어는 꼭 필요한 만큼만 쓰는 것이 중요하다.

> 콧등이 높고 눈썹밭이 까맣고 짙은 데다가 면도날로 밀어낸 구레나룻 밑뿌리가 검푸른 창기의 불안정하게 흔들리던 눈빛이 그녀의 눈알을 더듬었다.(한승원, 「검은댕기두루미」에서)

위 문장의 핵심은 '창기의 눈빛이 그녀의 눈알을 더듬었다'이다. 글쓴이는 '창기'의 눈빛을 특정하기 위해서 '불안정하게 흔들리던'을 관형어로 사용했다. 그러면 '창기의 불안정하게 흔들리던 눈빛이 그녀의 눈알을 더듬었다'라고 쓰게 될 것이다. 그런데 글쓴이는 다시 '창기'의 현재 모습을 특정하기 위해서 관형어로 '콧등이 높고 눈썹밭이 까맣고 짙은 데다가 면도날로 밀어낸 구레나룻 밑뿌리가 검푸른'을 덧붙였다. '창기'가 어떤 모습인지 독자들에게 손에 잡힐 듯이 세밀하게 특정하려 한 것이다. '창기'의 모습을 꾸미는 관형어가 길에 이어지다 보니 정작 중요한 '창기의 불안정한 눈빛'에 관심이 줄어들고 말았다. 따라서 이 글에서는 '창기'를 꾸미는 긴 관형어를 획기적으로 줄여야 뒤에 오는 주제가 살아난다.

2. 불필요한 문단이 있는지 확인하자

관형어나 부사어는 문장의 한 성분이다. 따라서 그 문장 자체를 쉽고 간결하고 명료하게 만들기 위해서 너무 길지 않게 하자는 것이 이제까지의 논의였다면, 이번의 논점은 문장 자체를 송두리째 없애는 것과 관련된다. 문장론에서 글은 문단으로 구성되고 문단은 소주제문과 뒷받침문장으로 구성된다고 말한다. 여기서 소주제문을 뒷받침할 문장이 많으면 많을수록 소주제를 더 명료하게 만들어 주거나 강조하는 효과를 얻을 수 있다. 그래서 우리는 뒷받침문장을 다양한 관점에서 작성하여 제시하려 한다. 그런데 이 욕심이 과하여 지나치게 많은 뒷받침문장을 제시하여 글을 지루하게 만든다. 이럴 때는 뒷받침문장 중에서 덜 중요한 것을 아예 들어내는 과단성을 발휘해야 한다. 별로 영양가 없는 뒷받침문장을 장황하게 늘어놓으면 글이 지루해지기 때문이다. 더구나 문단 자체가 주제를 뒷받침하기에는 너무 길거나 복잡해서 글의 역동성을 감소시키는 경우가 있다. 이런 군더더기를 제거하여 좀 명쾌한 글이 되도록 하는 편이 좋을 것이다. 다음 글은 「독립신문」 창간호에 적힌 글을 현대어로 바꿔 놓은 것이다.

이 글에는 신문의 창간사로서는 불필요한 내용이 상당히 많이 적혀 있다. 어느 정도까지 불필요한 부분을 없앨 수 있을지 검토해 보기 바란다.

❶ 우리 신문이 한문은 안 쓰고 국문으로만 쓰는 것은 상하 귀천이 다 보게 하려는 것이다. 또 국문을 이렇게 구절을 띄어 쓴 것은 누구라도 이 신문 보기가 쉽고 신문 속에 있는 말을 자세히 알아보게 하려는 것이다.

❷ 각국에서는 사람들이 남녀는 물론하고 본국 국문을 배워 능통한 후에야 외국 글을 배우는 법인데 조선에서는 조선 국문을 아니 배우더라도 한문만 공부하는 까닭에 국문을 잘 아는 사람이 드물다.

❸ 조선 국문과 한문을 비교하여 보면 조선 국문이 한문보다 나은 것이 무엇인가 하니 첫째는 배우기가 쉬우니 좋은 글이요, 둘째는 이 글이 조선 글이니 조선 인민들이 알아서 모든 일을 한문 대신 국문으로 써야 상하 귀천이 모두 보고 알아보기가 쉬울 터이다.

❹ 한문만 늘 써 버릇하고 국문은 폐지한 까닭에 국문으로 쓴 것을 조선 인민이 도로 잘 알아보지 못하고 한문을 더 잘 알아보니 이것이 어찌 한심하지 아니하겠는가. 또 국문을 알아보기가 어려운 건 다름이 아니라 첫째는 구절을 떼지 아니하고 그저 줄줄

내려쓰는 까닭에 글자가 위에 붙었는지 아래 붙었는지 몰라서 몇 번 읽어 본 후에야 글자가 어디 붙었는지 비로소 알고 읽으니 국문으로 쓴 편지 한 장을 보자 하면 한문으로 쓴 것보다 더 디 보고 또 그나마 국문을 자주 아니 쓰는 고로 서툴러서 잘 못 보는 것이다.

❺ 그러므로 정부에서 내리는 명령과 국가의 문서나 책을 한문으로만 쓰니 한문을 읽지 못하는 인민은 남의 말만 듣고 무슨 명령인 줄 알고 편하게 스스로 그 글자를 보지 못하니 그 사람은 아무런 까닭 없이 병신이 된다.

❻ 한문을 못한다고 그 사람이 무식한 사람이 아니다. 국문만 잘하고 다른 물정을 알고 학문을 배웠으면 그 사람은 한문만 하고 다른 물정도 모르고 학문도 없는 사람보다 유식하고 높은 사람이 되는 법이다. 조선 부인들도 국문을 잘하고 여러 물정과 학문을 배워 소견이 깊고 행실이 정직하면 빈부귀천을 막론하고 그 부인이 한문을 잘하고도 다른 것 모르는 귀족 남자보다 높은 사람이 되는 법이다.

❼ 우리 신문은 빈부귀천이 다름없이 이 신문을 보고 외국 물정과 내지 사정을 알게 하려는 뜻이니 남녀노소 상하 귀천 간에 우리 신문을 하루 걸러 몇 달간 보면 새 지각과 새 학문이 생길 것을 미리 안다.(「독립신문」 창간사, 1896년)

❶에는 이 신문이 한문 대신 한글만 쓰고, 또 한글을 띄어 쓰는 이유를 간략하게 제시했다. ❷에는 외국과 조선의 언어에 대한 태도 차이를 제시했다. ❸에서는 한글과 한자를 비교하면서 한글을 사용해야 함을 강조했다. ❹에서는 우리가 한문으로 적힌 글을 더 잘 알아보고, 한글로 적힌 글을 어렵게 여기는 이유를 들었다. ❺에서는 정부 문서가 한문으로만 적혀 있는데 인민이 한문을 이해하지 못해서 졸지에 바보가 된다는 주장을 펼쳤다. ❻에서는 한문을 모르는 것이 수치가 아니고 오히려 한문만 알고 세상 물정을 모르는 것이 더 수치스러운 일임을 밝힘과 동시에 한글을 잘 알고 세상 물정을 아는 것이 더 유익함을 설파했다. ❼에서는 이 신문이 취하는 한글 전용과 띄어쓰기 덕택에 사람들이 세상 물정을 알게 되면 누구나 새 지각이 생길 것임을 주장했다.

전체적으로 보면 이 창간사는 한글만 쓰고 한글도 띄어쓰기를 하여 발행한다는 취지를 밝히고, 그 이유와 편리성을 논리적으로 제시한 글이다. 즉, 한글과 한자를 비교하여 분석하는 기사가 아니라 이 신문이 한글만 쓰고 또 띄어쓰기를 하는 이유를 설명한 것이므로, 글의 주제는 ❶과 ❼로 충분하다. 중간의 다섯 개 문단은 한문의 역효과나 한글과 한문을 비교하는 이야기가 길게 늘어져서 창간사의 핵심이 흐려지는 역효과를 낳았다고 볼 수 있다.

호칭, 지칭 문제 공론화

전통 사회가 현대 사회로 넘어오면서 사람들은 한국어의 호칭, 지칭 가운데 현대 사회에 적합하지 않은 부분이 있음을 알게 되었다. 주로 두 방향에서 문제가 제기되어 왔는데, 하나는 남성 중심의 대가족 제도가 무너지고 남녀가 동등한 핵가족으로 바뀌면서 가족 내의 호칭, 지칭이 현실과 일치하지 않는다는 점이고, 다른 하나는 전통적 윤리관에 입각한 수직적 질서에 따라서 만들어진 호칭, 지칭이 자유롭고 개방적인 수평적 질서에는 맞지 않는다는 점이다. 이 때문에 사회 일각에서는 현재의 호칭, 지칭에 거부감이 생겨 이를 타개해 보려는 노력이 나타났다. 전자에 대한 개선 요구는 주로 남성 중심의 호칭, 지칭 체계에 대한 여성들의 비판에서 비롯했고, 후자에 대한 개선 움직임은 주로 기업에서 나타났다. 회사의 근무 분위기나 생산성 증대와 호칭, 지칭이 상관관계가 있다고 본 기업주들이 이 문제를 해결하기 위해서 다양한 시도를 하고 나선 것이다. 우리 사회가 더욱 개방되고 평등한 세상으로 나아가기 위해서는 호칭, 지칭의 정비가 꼭 필요하다고 인식하여 이 문제를 공론화하고자 한다.

1. 호칭, 지칭의 문제 제기

▍가족 내의 호칭, 지칭

부부 간의 호칭, 지칭

남녀가 결혼을 하면 상대에 대한 호칭, 지칭이 달라진다. 이를테면 부부 중 남자가 연상이고 여자가 연하인 경우, 결혼 전에는 친근한 표시로 남자 친구를 오빠라고 불렀더라도 결혼 후에는 그리 부를 수 없다. 또, 남자도 결혼 전에는 여자 친구를 동생처럼 생각하여 이름을 부르고 반말을 썼지만, 결혼 후에는 그리 할 수 없다. 그러나 현실적으로는 줄곧 오빠라고 부르면서 결혼 생활을 하는 여자들이 많고, 여전히 아내를 여동생처럼 부르는 남자들이 많이 있다. 물론 이런 현상은 바람직하지 않다. 이런 현상은 결혼 후에 남편과 아내가 상대를 부르는 호칭인 '여보'나 '서방님', 지칭으로 쓰는 '당신'이 좀 낡은 느낌을 주기 때문에 발생한다. 그래서 '여보', '서방님', '당신'을 쓰는 대신에 결혼 전에 썼던 호칭, 지칭을 계속 쓰거나 '자기야' 같은 이상한 호칭이 생긴 것이다. 남녀가 결혼하면 당장 호칭, 지칭의 문제에 부딪히게 됨을 알 수 있다. 부부 간의 호칭, 지칭을 어떻게 할지 고민해야 할 때가 온 것 같다. 요즘 젊은이들 사이에서는 서로 성명이나 이름에 '씨'를 붙인 호칭법과 지칭법이 퍼지고 있는 듯하다. 이 호칭, 지칭은 나이가 들면 쓰기 어려워진다는 약점이 있지만, 발전적 변화임은 틀림없다.

나와의 관계	호칭	지칭
아내	여보, ○ 씨 ○ 엄마/어머니	당신, ○ 씨, 영감
남편	여보, ○ 씨 ○ 아빠/아버지	당신, ○ 씨, 임자

사실 위 표에 나타난 지칭은 당사자 사이에서 쓰는 것일 뿐, 다른 사람에게 쓸 때에는 새로운 지칭이 쓰인다. 예를 들면 아내를 친부모에게 말할 때에는 '어멈', '어미', '안사람'이라고 하지만, 자기 남동생에게 말할 때에는 '형수' 또는 '○ 엄마'라는 말을 쓴다. 이때 '형수'는 '네 형수'를 가리키는 말이다. 이처럼 같은 사람을 두고도 듣는 사람에 따라서 지칭이 다양하게 달라진다.

가족의 호칭, 지칭

다음은 형제자매와 그 배우자에 대한 호칭, 지칭이다. 이 표에서 보면 당사자의 이름을 부를 수 있는 경우는 동생에 국한된다. 동생 외에는 이름을 부를 수 없다.

나와의 관계		호칭	지칭
남자	형	형, 형님	형, 형님
	형의 아내	아주머님, 형수님	아주머님, 형수님
	남동생	[이름], 아우, 동생	[이름], 아우, 동생
	남동생의 아내	제수씨, 계수씨	제수씨, 계수씨
	누나	누나, 누님	누나, 누님
	누나의 남편	매형, 자형, 매부	매형, 자형, 매부
	여동생	[이름], 동생	[이름], 동생
	여동생의 남편	매제, 매부, ○ 서방	매제, 매부, ○ 서방
	아내 오빠	형님	형님
	아내 오빠의 아내	아주머니	아주머니
	아내 남동생	처남	처남, 자네
	아내 남동생의 아내	처남의 댁, 처남댁	처남의 댁, 처남댁
	아내 언니	처형	처형
	아내 언니의 남편	형님	형님
	아내 여동생	처제	처제
	아내 여동생의 남편	동서, ○ 서방	동서, ○ 서방
여자	오빠	오빠, 오라버니, 오라버님	오빠, 오라버니, 오라버님
	오빠의 아내	새언니, 언니	새언니, 언니
	남동생	[이름], 동생	[이름], 동생
	남동생의 아내	올케	올케
	언니	언니	언니

나와의 관계		호칭	지칭
언니의 남편		형부	형부
여동생		[이름], 동생	[이름], 동생
여동생의 남편		제부, ○ 서방	제부, ○ 서방
여동생의 남편		제부, ○ 서방	제부, ○ 서방
남편의 형		아주버님	아주버님
남편 형의 아내		형님	형님
남편의 남동생	미혼	도련님	도련님
	기혼	서방님	서방님
남편 남동생의 아내		동서	동서
남편의 누나		형님	형님
남편 누나의 남편		아주버님	아주버님
남편의 여동생		아가씨, 아기씨	아가씨, 아기씨
남편 여동생의 남편		서방님	서방님

(왼쪽 세로 칸: 여자)

위 표를 보면 남녀 사이에 구별이 있고, 나이에 따라서 구별이 있으며, 기혼자인지 미혼자인지에 따라서도 달리 부르는 경우도 있다. 이 정도만으로도 한국어의 호칭, 지칭이 상당히 복잡함을 충분히 알 수 있다. 그런데 여기에 소개한 지칭은 당사자 사이에서 쓰는 것이지, 제삼자를 대상으로 할 때에는 전혀 다른 지칭이 쓰인다. 예를 들면, 오빠의 아내를 당사자에게는 '언니', '새언니'라고 칭하지만 자녀에게는 '외숙모'라고 해야 한다. 마찬가지로 언니의 남편을 당사자에게는 '형부'라고 칭하지만, 자녀에게는 '이모부'라고 칭해야 한다.

나를 기준으로 아버지, 할아버지 그리고 아들, 손자뻘인 사람들에 대한 호칭, 지칭도 매우 자세히 구별되어 있다.

나와의 관계		호칭	지칭
아버지		아버지, 아빠	아버지, 아빠
아버지의 형		큰아버지	큰아버지
아버지 형의 아내		큰어머니	큰어머니
아버지의 남동생	기혼	작은아버지, 아저씨, 삼촌	작은아버지, 아저씨, 삼촌
	미혼	삼촌, 아저씨	삼촌, 아저씨
아버지 남동생의 아내		작은어머니	작은어머니
아버지의 여자형제		고모	고모
아버지 누이의 남편		고모부	고모부
아버지의 아버지		할아버지	할아버지
아버지의 어머니		할머니	할머니
어머니		어머니, 엄마	어머니, 엄마
어머니의 아버지		할아버지	할아버지, 외할아버지
어머니의 어머니		할머니	할머니, 외할머니
어머니의 남자형제		외삼촌, 아저씨	외삼촌, 아저씨
어머니의 여자형제		이모	이모
자녀		[이름]	[이름]
아들의 아내		[이름], 새아가, 어미, 어멈	[이름], 새아기, 어미, 어멈
딸의 남편		○서방, 여보게	○ 서방, 자네
형제자매의 자녀		[이름], 조카	[이름], 조카

나와의 관계	호칭	지칭
손주	[이름]	[이름]
형제자매의 손주	[이름]	[이름]
남편의 아버지	아버지, 아버님	아버지, 아버님
남편의 어머니	어머니, 어머님	어머니, 어머님
아내의 아버지	아버지, 장인어른	아버지, 장인어른
아내의 어머니	어머니, 장모님	어머니, 장모님

　자기나 형제자매의 자녀와 손주에 대해서는 모두 이름을 호칭과 지칭으로 사용한다. 여기서 비로소 이름이 제구실을 한다. 아버지의 남자 동생을 부르거나 가리키는 말로 '작은아버지', '아저씨', '삼촌'을 두루 쓸 수 있지만, 미혼인 어린 남동생을 '작은아버지'로 부르기는 쉽지 않다. 이 경우에는 '삼촌'을 사용하는 것이 일반적이다. 요즘은 나이가 많아도 결혼을 하지 않는 경우가 많아서 미혼이라고 해도 나이가 어느 정도 되면 '삼촌'보다는 '작은아버지'를 사용하는 것이 좋지만, 그 기준은 없다. 상황에 맞추어 눈치껏 불러야 하는 것이다.

사촌 간의 호칭, 지칭

사촌 간의 호칭, 지칭은 주로 동기 간의 호칭, 지칭을 원용한다. 나이에 따라서 나이가 많은 남자는 형, 나이가 많은 여자는 누나 또는 누님으로 부른다. 그 배우자를 부르는 이름도 동기 간의 호

칭, 지칭을 쓴다. 지칭을 군이 구별하려면 지칭 앞에서 '사촌'이
나 '외사촌', '고종사촌', '이종사촌' 등을 붙인다.

나와의 관계		호칭	지칭
남자	나이 많은 남자	형(님)	형(님)
	형의 아내	형수(님)	형수(님),
	나이 많은 여자	누나, 누님	누나, 누님
	누나의 남편	매형, 자형	매형, 자형
	나이 적은 남자	[이름], 동생	[이름], 동생
	아우의 아내	제수씨	제수씨
	나이 적은 여자	[이름], 동생	[이름], 동생
	여동생의 남편	○ 서방	○ 서방
여자	나이 많은 남자	오빠	오빠
	오빠의 아내	언니	언니, 올케언니
	나이 많은 여자	언니	언니
	언니의 남편	형부	형부
	나이 어린 남자	[이름], 동생	[이름], 동생
	동생의 아내	올케	올케
	나이 어린 여자	[이름], 동생	[이름], 동생
	동생의 남편	제부, ○ 서방	제부, ○ 서방

사돈 간의 호칭, 지칭

사돈 간의 호칭, 지칭도 여간 복잡한 게 아니다. 사돈끼리 쓰는
호칭, 지칭뿐 아니라 사돈의 자녀와 그 배우자를 부르는 호칭, 지
칭까지 알아야 한다.

나와의 관계		호칭	지칭
남자	남자 사돈	사돈, 사돈어른	사돈, 사돈어른
	사돈의 형제	사돈, 사돈어른	사돈, 사돈어른
	여자 사돈	사부인	사부인
	여사돈의 자매	사부인	사부인
여자	남자 사돈	사돈어른, 밭사돈	사돈어른, 밭사돈
	사돈의 형제	사돈어른, 밭사돈	사돈어른, 밭사돈
	여자 사돈	사부인	사부인, 사돈
	여사돈의 자매	사부인	사부인, 사돈

사돈 간의 호칭, 지칭은 경우에 따라서는 엄청나게 확장될 수 있다. 예를 들면 남자의 처지에서 사돈의 여자 형제를 어떻게 불러야 할지, 또 사부인의 남자 형제를 어떻게 불러야 할지, 거기다 그 배우자는 어떻게 불러야 할지 난감해질 수밖에 없다.

▌사회에서의 호칭, 지칭

가족 관계를 벗어나서 일상생활 중에 만나게 되는 사람들을 부르거나 가리키는 호칭, 지칭을 알아보자.

직장 사람들 사이의 호칭, 지칭

직장은 대체로 직위나 나이 등에 따라서 상하 관계가 형성되기 때문에 이에 따라서 호칭, 지칭이 만들어진다.

나와의 관계		호칭	지칭
남자	상급자	[직함]+님, 성+[직함]+님, 선배님	[직함]+님, 성+[직함]+님, 선배님
	동급자	[직함], ○ 씨, 선배	[직함], ○ 씨, 선배
	하급자	성+[직함], ○ 씨	성+[직함], ○ 씨
여자	상급자	[직함]+님, 성+[직함]+님, 선배님	[직함]+님, 성+[직함]+님, 선배님
	동급자	성+[직함], ○ 씨, 선배	성+[직함], ○ 씨, 선배
	하급자	성+[직함], ○ 씨	성+[직함], ○ 씨

이 경우에 상대가 나보다 상급자인지 하급자인지 명확하게 알 수 있으면 문제가 없을 테지만, 그게 모호하다면 상대에게 말을 걸기가 쉽지 않을 것이다. 그러니 미리 그 사람이 어떤 직급에 있는지, 나이는 어느 정도인지 알아야 한다. 그리고 호칭, 지칭이 위계질서를 나타내는 것이어서 수평적 사고를 방해하는 요소로 작용하기도 한다. 그래서 상당히 많은 기업이 사내에서 호칭, 지칭을 위계질서를 없애는 형태로 바꾸고자 시도하고 있다. 이 문제는 뒤에 자세히 다루게 될 것이다.

직장 사람의 배우자와 자녀에 대한 호칭, 지칭

대통령의 부인을 영부인이라고 부른다. 그런데 한때 영부인은 일반적인 호칭, 지칭이어서 독재자의 부인에게 특별히 사용할 용어를 만들려는 시도를 한 일이 있었다. 이 일에 제법 똑똑한 지식인들이 동원되어 이런저런 용어를 만들었는데, 그중에서 '경모'라는 단어가 가장 좋은 것으로 평가를 받았다. 이 일은 독재자에게 아첨하기 좋아하는 사람들이 이런 노력으로 자신의 아첨 점수를 따려 한 한때의 해프닝으로 끝났지만, 상관이나 상사의 부인에 대한 언어예절은 그 남편에 대한 존경에 못지않게 중요하게 인식되는 것이 사실이다.

나와의 관계		호칭	지칭
남자	상급자의 아내	사모님, 여사님	사모님, 여사님
	동급자의 아내	사모님	사모님
	하급자의 아내	○ 씨	○ 씨
여자	상급자의 남편	○ 선생님	○ 선생님
	동급자의 남편	○ 선생님, ○ 씨	○ 선생님, ○ 씨
	하급자의 남편	○ 선생님, ○ 씨	○ 선생님, ○ 씨

서비스업에서 사용하는 호칭, 지칭

이제 모든 사람이 경험하게 되는 일상생활에서 호칭, 지칭이 우리에게 어떻게 다가오고 있는지 확인해 보자.

"아줌마, 우리 국밥 한 그릇 주세요."

위 말은 손님이 식당에서 주인에게 하는 말이다. 아마 이 말을 듣는 식당 주인은 수더분하고 평범하게 생긴 중년 부인일 것이다. 물론 식당도 거리에 흔히 있는 그런 곳이어야 한다. 만약 깔끔하고 세련되게 치장한 중년 부인이 서빙을 하는, 고급스럽게 꾸민 식당이라면 이런 호칭을 붙이기는 어려울 것이다. 아마 '아줌마' 대신에 '사장님'으로 호칭이 바뀔 것이고, 장사하는 사람도 손님을 비슷한 잣대로 평가하여 대접할 것이다.

관계	호칭, 지칭
점원 또는 주인에게	아가씨, 아줌마, 아주머니, 총각, 아저씨, 사장님, 여기요, 여보세요
손님에게	손님, ○ 님, 사장님, 회장님

위 표의 호칭, 지칭은 우리 사회에서 실제로 쓰이는 것의 일부이다. 가게에 따라서 또는 손님의 지위나 성별에 따라서 더욱 다양한 호칭, 지칭이 쓰이고 있을 것이다. 서로 눈치껏 상대를 높여 주어야 장사도 잘되고 서비스도 좋아질 테니 어쩔 수 없는 일이다.

친구, 이웃과 사용하는 호칭, 지칭

친구든 처음 만난 사람이든 그 사람과 이야기를 나누려면 먼저 그에게 맞는 호칭, 지칭을 사용해야 한다. 그리고 그 사람의 배우자나 가족에 대한 호칭, 지칭을 써야 할 경우가 생긴다. 이런 경우에 한국어의 호칭, 지칭이 무척 까다로워짐을 느낄 것이다.

관계	호칭	지칭
친구	[이름], ○ 총재	[이름], ○ 총재
친구의 아내	아주머니, 사모님, ○ 여사	아주머니, 사모님, ○ 여사
친구의 남편	○ 씨, ○ 선생님	○ 씨, ○ 선생님
남편의 친구	○ 씨, ○ 선생님	○ 씨, ○ 선생님
아내의 친구	○ 씨, ○ 여사님	○ 씨, ○ 여사님
아버지의 친구	어르신, 선생님, 아저씨, 삼촌	어르신, 선생님, 아저씨, 삼촌
어머니의 친구	아주머니, 어르신, 이모	아주머니, 어르신, 이모
친구의 아버지	어르신, 아버님	어르신, 아버님
친구의 어머니	아주머니, 어머님	아주머니, 어머님
선생님의 아내	사모님	사모님
선생님의 남편	사부님	사부님
남자 이웃	선생님, 사장님	선생님, 사장님
여자 이웃	아주머니, 선생님	아주머니, 선생님
남자 이웃 아내	사모님	사모님
여자 이웃 남편	선생님, 사장님	선생님, 사장님

2. 호칭, 지칭 문제의 발단

호칭의 경제학

내가 1998년에 '국어 문화 운동'을 시작할 때에 내건 목표 중에
서 한국어 정비에 관한 것이 있었다. 한국어의 인사말, 한국어의
반말, 한국어의 호칭, 지칭이 정비 대상이었다. 한국어의 인사말

정비는 처음 만난 사람이나 일상적으로 만나는 사람 사이에서 가볍게 주고받을 인사말이 마땅치 않다는 점에 착안한 것이었다. 아침에 처음 만난 이웃에게 가볍게 건넬 인사말, 직장에서 직원들끼리 가볍게 주고받을 인사말 등이 마땅치 않아서 이를 해결하면 우리의 사회생활을 좀더 적극적이고 생산적으로 만드는 데 상당히 중요한 기능을 할 것으로 보았기 때문이다. 또 하나, 한국어의 반말 사용 문제를 해결해야 할 과제로 본 이유는 공식적인 회의나 일상적인 토론에서 주제를 토의하다가 불거지는 반말 때문에 서로 감정이 상해서 결국 그 토의 자체가 폐기되는, 어찌 보면 본말이 전도되는 결과를 자주 보았기 때문에 어떻게 하면 반말을 쓰지 않도록 할 수 있을까 하는 궁리를 했던 것 같다. 마지막으로 호칭, 지칭의 문제는 좋게 말하면 자유롭고, 나쁘게 말하면 무질서한 호칭, 지칭을 간소화하거나 표준화하여 모든 사람이 가볍게 상대와 소통할 수 있게 해야 한다고 생각했기 때문이다.

호칭, 지칭의 문제는 한국어의 대표적인 인칭대명사인 '나', '너' 이 두 단어가 실제로 대화에서는 거의 쓰이지 못해 이를 완곡하게 해결하는 과정에서 호칭, 지칭이 방만하게 만들어진 데에서 비롯되었다고 생각했다. '나를 나라고 말하지 못하고, 너를 너라고 부르지 못하는' 한국어의 슬픈 환경을 안타깝게 여긴 것이다. 특히 상대방을 '너'라고 말하지 못하는 현실이 우리의 사교

범위를 넓히지 못하게 만드는 주범이라는 생각을 했다.

이런 생각으로 한국어의 인사법, 높임말, 호칭, 지칭의 정비 운동을 시작했는데, 이 중에서 호칭, 지칭의 문제가 가장 큰 사회적 반향을 일으켰다. 이 문제가 기업 경영에서 현실적으로 부딪치고 있는 문제였기 때문이다. 나는 1999년에 처음으로 국어와 기업 경영을 연결하는 시도를 시작했다. 그리고 이에 관심을 가질 법한 분들을 전문가로 모시고 좌담회를 열었다. 주로 국어학계 사람들이었지만, 경제 쪽 교수 두 분이 참석했다. 한 분은 방송통신대에서 노동법을 가르치던 박덕제 교수였고, 다른 한 분은 인하대 국제통상학부에서 강의를 하던 정문수 교수였다.

이 좌담회 후 어느 날에 정문수 교수가 나에게 신문에 기고한 글이라고 하면서 글을 하나 보내 주었다. 어느 신문에 기고한 글인지 잊었으나 그 글의 제목이 '호칭의 경제학'이어서 나는 무척 신선한 글로 받아들였다. 글 전문을 여기에 소개할 수는 없고, 그 내용 일부를 소개하면 이렇다.

아무에게나 쉽게 사용할 수 있는 호칭이 있으면 인간관계가 얼마나 쉬워지고, 또 불필요한 신경을 안 쓰게 되어 우리 모두 정신건강에 얼마나 도움이 될 것인지 한번 생각해 볼 필요가 있다. 우리 4,000만 국민 각자가 호칭으로 인한 불필요한 신경을 안 써도 되게 되면 그 경제적 절약은 모르긴 몰라도 수조 원에 이르게 될 것

'국어와 기업 경영'을 주제로 하여, 호칭, 지칭 문제를 검토하는 간담회 사진
(왼쪽 두 번째가 정문수 교수)

이라고, 또 더욱 넓어지고 쉬워지는 인간관계로 인한 간접 효과까
지 합한다면 수십 조가 될 수도 있을 것이다.(정문수, 『언덕을 넘으며
시대를 생각한다』에서)

요컨대 호칭을 단순화하든지 새로 만들든지 하는 국민운동을
벌여서 국어 하는 사람들이 국가의 경제 발전에 보탬이 되는 일
을 해 보라는 충고의 글이었다.

▋ 직급 파괴의 시작

국어 문제를 회사의 경영과 연결한 좌담회는 기업체를 운영하는 분들에게는 관심이 가는 주제였던 것 같다. 내가 정문수 교수의 글을 「국어문화운동신문」에 보도한 지 얼마 되지 않은 때로 기억한다. 지금은 CJ로 개명한 제일제당이라는 회사에서 나에게 전화를 걸어 왔다. 자기 회사가 지금 호칭에 직급을 넣지 않고, 모두 '아무개 님'이라는 호칭으로 통일하는 정책을 추진하고 있는데, 반발이 매우 심하니 나더러 와서 호칭 문제에 대해서 전문가로서 사원들을 설득해 달라는 요청이었다. 나는 감사하는 마음으로 그 회사에 달려갔다. 회사는 서울역이 내려다보이는 남산 중턱, 힐튼호텔 언저리에 있었던 것으로 기억한다. 회사에 도착해 보니 강연을 들을 사원들은 보이지 않고 스튜디오처럼 꾸민 곳에서 남녀 두 명이 나를 맞아 주었다. 알고 보니 이 회사는 당시에 이미 사내 TV 방송을 하고 있었고, 나는 그 방송의 초대 손님으로 간 것이었다. 실망 반, 호기심 반으로 녹화를 마치고 환담을 하는 자리에서 회사 측 실무 책임자가 내게 이런 말을 전해 주었다.

> "사내 반발이 무척 심합니다. 특히 고위급에서 반발이 심한데, 한 임원은 이 때문에 사직을 했습니다."

그의 말을 들으니, 어렵게 상무, 전무에 올랐는데 하루아침에 그 멋진 호칭을 듣지 못하고, '아무개 님'이라고 불려야 하는 사람들의 심정이 이해가 갔다. 이때 나는 이 운동은 일반 캠페인처럼 벌이면 안 될 일임을 직감했다. 이 운동은 기성세대의 의식 변화에 맞추어 평생 추진해야 할 과업이라고 생각한 것이다.

▌이상과 현실의 괴리

그후 언론에서는 이른바 '호칭 파괴' 기업에 대한 취재가 봇물 터지듯 했다. 기사에 따르면 당시 상당히 많은 기업, 특히 인터넷을 기반으로 하는 정보통신 관련 기업에 이런 요구가 많았던 것으로 보인다. 어떤 기업에서는 사원들에게 외국인 이름을 하나씩 나눠 준 뒤에 그 이름을 호칭으로 사용하고 있다고 했다.

이 시기는 대한민국이 국가 부도를 가까스로 넘기고 나라의 부흥을 위해서 무엇이든지 진취적이고 도전적으로 추구하던 시기였다. 우리는 2000년대 초를 이런 정신으로 시작했고 결국 경제적으로 기대 이상의 성취를 이뤄 지금 선진국 대열에 합류했다. 그런데 이때 아쉬웠던 것은 호칭, 지칭을 포함한 한국어의 수직적 소통 구조를 개선하는 일을 함께 추진하지 못한 점이다. 당시 한국 사회는 경제 발전에 전력을 다하던 시기라 국가나 사회에 이런 언어적 담론을 추진할 중심 세력이 없었다. 결국, 이 문제는 개별 기업 차원에서, 사주의 필요성에 의지해서 추진되다 보니 기성세대의 반대에 효과적으로 대응하지 못해 사회의 흐름을 만들지 못하고 말았다. 당시 언론에서 이 문제를 다룬 기사를 하나 소개한다.

이 기사는 2006년 2월 20일부터 두세 차례 보도한 「매일경제」의 기사이다. 이 기사문 속에 내 주장도 들어 있음은 물론이다. 이런 기사가 여기저기서 나왔기 때문에 일부 언론이 이 문제를 주의 깊게 보고 있었던 것은 맞지만, 주류 언론에서는 그리 깊이 인식하지 않았다. 같은 시기에 호칭, 지칭 문제에 관한 실증적 조사 결과도 발표되었다. '커리어'라는 회사가 2008년 4월 26일부터 28일까지 직장인 1,171명에 대한 "직장 내 직급 파괴 의식 조사" 결과를 발표했다. 이 조사에 따르면 피조사자의 60.8퍼센트가 직급 파괴 호칭을 긍정적으로 보았고, 29.2퍼센트가 부정적으로 보았다. 압도적으로 많은 직장인이 직급 파괴 호칭을 선호했지만 상당히 많은 사람이 부정적으로 본 것도 사실이다. 그러나 실제로 직급 파괴 호칭을 사용하는 회사는 피조사자 중에서 12퍼센트에 지나지 않았다. 직원들은 직급 파괴 호칭을 선호하지만 이를 실행에 옮긴 회사는 많지 않았음을 알 수 있다. 한편 같은 시기에 실제 직급 파괴 호칭을 실시하고 있는 회사 직원에 대한 의식 조사 결과가 보고서 형식으로 발표되었다. 「효율적 의사소통을 위한 호칭 파괴 사례 연구」가 그것인데, 이 보고서는 호칭 파괴 정책을 시행한 현대 홈쇼핑의 사례를 분석한 것이다. 또한 CJ, 태평양화장품, 노틸러스 효성 등의 호칭 파괴 실태도 분석했다.

▍ 아, 국립국어원!

사회가 한창 진취적이고 도전적인 방향으로 나아가고 있을 때, 인사말과 호칭, 지칭 문제를 사회적 화두로 내놓고 함께 고민할 자리를 깔아 줄 수 있는 가장 적절한 기관으로 우리나라에 국립국어원이라는 국가 기관이 있다. 나는 지금도 이 문제를 국립국어원이 장기 과제로 삼고 사회에 물음을 던져야 한다고 생각한다. 앞에서 말했지만 많은 국민이 찬성함에도 또 상당수의 국민은 이에 부정적이기도 하고, 더욱이 우리 사회의 주류라고 말할 수 있는 기성세대는 상당한 거부감까지 가진 이 문제를 하루아침에 해결할 수는 없다. 따라서 한편에서는 전문가들이 연구를 진행하고, 한편에서는 국민, 특히 기성세대를 설득하는 작업을 진행해야 한다고 본다. 아직도 국립국어원이 그런 생각을 하지 않는 듯해 안타깝지만, 이것이 현실이고, 또 당장 어떻게 해야 한다는 설득력 있는 답안도 없으므로 추진하기가 쉬운 일이 아님은 잘 알고 있다. 그러나 쉽지 않은 일이어서 할 필요가 없다고 보기는 어렵다. 오히려 쉽지 않아도 그렇게 되면 매우 바람직한 결과를 누릴 수 있다는 데 동의한다면 이를 추진할 가치가 충분하다고 생각한다. 이런 사업을 추진하면서 우리 사회가 하나의 주제를 놓고 서로 고민하고 의논하는 건전한 경험을 쌓을 수 있다고 생각한다. 누구나 참여할 수 있고, 자기 의견을 말할 수 있는 이런 주제를 화두로 던져 놓고 함께 노력한다면 좋은 결과를 얻는 날이 오지 않을까.

3. 공론화

나는 자유로운 소통을 제약하는 국어의 인사말, 반말, 호칭, 지칭에 대해서 국민이 자유롭게 토론할 수 있는 공간을 국가가 마련해 주어야 한다고 생각한다. 국가는 일차적으로 사회의 안전과 발전을 지향하는데, 이 문제를 사회의 발전을 위한 한 방안으로 생각하고 적극적으로 정책화를 추진해야 한다는 것이다. 이를 위해서 국립국어원 안에 이 문제를 연구하고 여론을 확산시키는 일을 추진할 기구를 두고 충분한 예산을 지원해야 한다. 매년 이와 관련한 인식 변화도 조사하고, 각 기업이나 단체를 시범 사업장으로 지정한 뒤 특정 방안을 적용해서 그 효과를 따져 보는 일을 일상적으로 수행하는 조직이 필요하다. 세종 대왕께서 600년 전에 고안하신 한글이 2000년대에 와서야 국가 발전의 원동력이 된 것을 생각해 본다면 언어의 문제는 단기적인 성과에 매달릴 일이 아님이 분명하다. 100년 전만 해도 지금처럼 한글 세상이 올 것을 예상할 수 없었듯이 언젠가 우리 후손이 우리가 수평적인 언어를 가지고 다시 국력을 확장하는 기회를 잡게 될지 알수 없는 일이다. 방향이 옳다면 당장 이루어지지 않더라도 꾸준히, 그리고 주제성을 가지고 그 방향으로 추진해 나가는 것이 우리의 의무가 아닐까 생각한다. 분명히 말할 수 있는 것은 1980년대까지만 해도 한자를 숭상하던 사람이 한글을 쓰자는 사람보다 더 큰 세력을 가지고 있었지만, 한글을 쓰자는 사람들이 꾸준히 노력하고 여건이 한글에 유리한 국면이 되니 급속하게 한글이 우리 글자의 중심에 서게 된 점이다. 만일 한글만 쓰자는 세력이 약했다면 인터넷 기반의 사회가 도래했어도 일본처럼 우리도 한자를 버리지 못하고 한자와 한글을 병용하고 있을지 모르는 일이다. 역사는 준비하는 자의 편에 서게 되는 것이므로 우리가 지금부터라도 한국어의 수평적 의사소통을 강화하는 방향으로 정책을 추구해야 한다. 이를 위하여 시급한 것부터 하나씩 제시해 보려 한다.

▎ 국립국어원의 조사, 연구 시작

먼저 한국어의 수평적 소통을 가로막는 요소들을 연구하여 그 목록을 제시할 필요가 있다. 그리고 사회에서 이제까지 이 문제를 해결하기 위해서 해온 노력을 종합해야 한다. 어느 기업에서 어떤 노력을 하고 있는지, 그 노력이 어떤 성과나 폐해를 주었는지 심층 조사를 해야 한다. 국내외의 연구 성과를 종합하고 소개하는 일도 필요하다. 이를 위해 국립국어원 안에 새로운 기구를 설치하고 여기에 사회언어 전문가 등 언어와 사회 또는 의사소통과 기업 경영을 연구하는 전문가들을 배치해야 한다. 문화체육관광부나 국회가 이 일에 관심을 가지고 폭넓은 지원을 해 주어야 할 것이다.

▌ 대안 찾기 작업

조사, 연구가 어느 정도 진행되면 대안을 찾는 작업을 추진해야 한다. 대안은 학자들의 머리에서 나올 수도 있지만, 국민의 집단 지성을 통해서 얻을 수도 있다. 따라서 한편으로는 전문가들의 토론을 통한 대안을 찾고, 다른 한편으로는 국민이 참여하는 다양한 토론 마당을 만들어서 직업, 연령, 남녀 등 다양한 차원에서 참여하여 그들 나름의 해법을 찾도록 유도하고 이를 종합하는 작업을 진행해야 한다. 특히 이 단계에서는 여러 대안을 실제로 점검해 보는 조사도 진행해야 한다. 시범 사업을 수행할 기관이나 단체 또는 직역을 정해서 시행해 보는 일이 필요하다. 이 작업은 상당히 오랜 기간 꾸준히 실시해서 그 결과를 국민이 공유하도록 해야 한다. 새로운 대안을 사용할 사람은 국민이므로, 국민의 의식 구조에 합당한 대안을 마련할 때까지 꾸준히 추진해야 한다. 대안 찾기 과정은 최소한 10년이 필요하리라 생각한다.

▌홍보 작업

대안 찾기 작업이 어느 정도 무르익은 시점에, 제시된 여러 대안을 하나씩 평가하여 채택 가능성을 파악해야 한다. 대안 중에서 비교적 반응이 좋은 것을 선정하여 국민에게 홍보하는 과정이 필요하다. 홍보를 통해서 국민 대다수가 인식하고 동의하는 대안을 선택하여 최종 대안으로 확정한다. 이 사업의 성공은 오로지 국민의 높은 관심을 확보하는 것에 달려 있다. 따라서 성실하고 용의주도하게 홍보 작업을 실행해야 한다.

▌새 대안의 사용 장려

대안이 특정되면 그 대안을 사용하는 기관이나 국민에게 유인책을 제공하면서 새로운 대안의 사용을 확산시켜야 한다. 이 대안에 반대하는 사람들의 의견을 최대한 받아들여 대안에 대한 거부감이 최소화할 수 있도록 세심한 주의를 해 주어야 할 것이다.

4. 맺음말

한국어의 호칭, 지칭은 물론이고 인사말이나 반말 사용 문제는 쉽게 해결될 문제가 아니다. 그러나 국민이 이 문제를 인식하고 노력한다면 해결할 수 없는 일도 아닐 것이다. 따라서 우리 시대에 이 문제를 공론화하여 해결하려고 노력했다는 점은 분명히 후세의 지지를 받을 것이다. 이에 덧붙여 좋은 대안을 찾는다면 금상첨화가 아니겠는가. 가슴 벅찬 기분을 느끼며 나의 이야기를 마치겠다.